グローバル関係学 4

紛争が変える国家

グローバル関係学 4

紛争が変える国家

編集 末近浩太／遠藤 貢

岩波書店

刊行にあたって

二一世紀に入り、ISなど武装勢力の突発的な出現、国家破綻と内戦の頻発、路上抗議行動の連鎖など、世界で動乱が多発している。大規模な人の移動が発生し、反動で排外主義や偏狭なナショナリズムが進行している。新型コロナウイルスの世界的感染拡大は、「グローバルな危機」そのものだ。

これらの「グローバルな危機」の、広範な波及性や連鎖性、唐突さは、必ずしも現代にのみ特徴的なものではない。しかし、その原因や背景の多くについて、主に欧米の国家主体を分析対象としてきた従来の学問分野は、十分に解明できていない。なぜなら、既存の学問分野が「主語」のある、主体の明確な出来事しか分析対象とせず、伝統的、古典的な主体中心主義の視座を取っているために、今起きている現象とますます乖離してきているからである。

それに対して、本シリーズが提唱する「グローバル関係学」は、主体よりもその間で交錯するさまざまな「関係性」を分析することに重きを置く。関係性が双方向、複方向的に交錯し連鎖するなかで出来事が起きると捉え、関係性の網のなかにこそ、澱や瘤のように「主体」が浮き彫りになると考える。「グローバル関係学」とは、狭い範囲の地域共同体から超領域的グローバルなネットワークまで、非欧米世界を含めた世界を総体として把握する視座を確立し、主体中心的視座で「みえなかった／みなかった」ものを、関係中心的視座から「みえる」ようにすることを目的とする新しい学問である。

（編集代表　酒井啓子）

目次

序　章

紛争が変える国家
——この新たな現象をどのように捉えるべきか——

末近浩太
遠藤　貢

はじめに

今日の世界が直面する深刻な「グローバルな危機」の一つとしての紛争。二一世紀に入ってからも世界の各地で頻発し続けている紛争は、そこで暮らす人びとの生命や財産はもちろんのこと、その基盤となる国家自体の動揺や崩壊をもたらしてきた（図0-1、図0-2）。中央政府が機能不全に陥ることで、それに代わる非国家主体が台頭したり、国家主体による外部介入を誘発するケースも少なくない。そのため、紛争は、当事国のみならず、周辺諸国や地域、さらには国際社会にとっての安全保障上の問題となっている。

こうした状況において、紛争を経験した、ないしは経験している国家に対する対応として、「国家建設（state building）」や「平和構築（peace building）」の名の下で様々な政策が採られてきた。そこでは、ほとんどの場合、紛争前の国家の再生が目指され、中央政府によるガバナンスや国民としてのアイデ

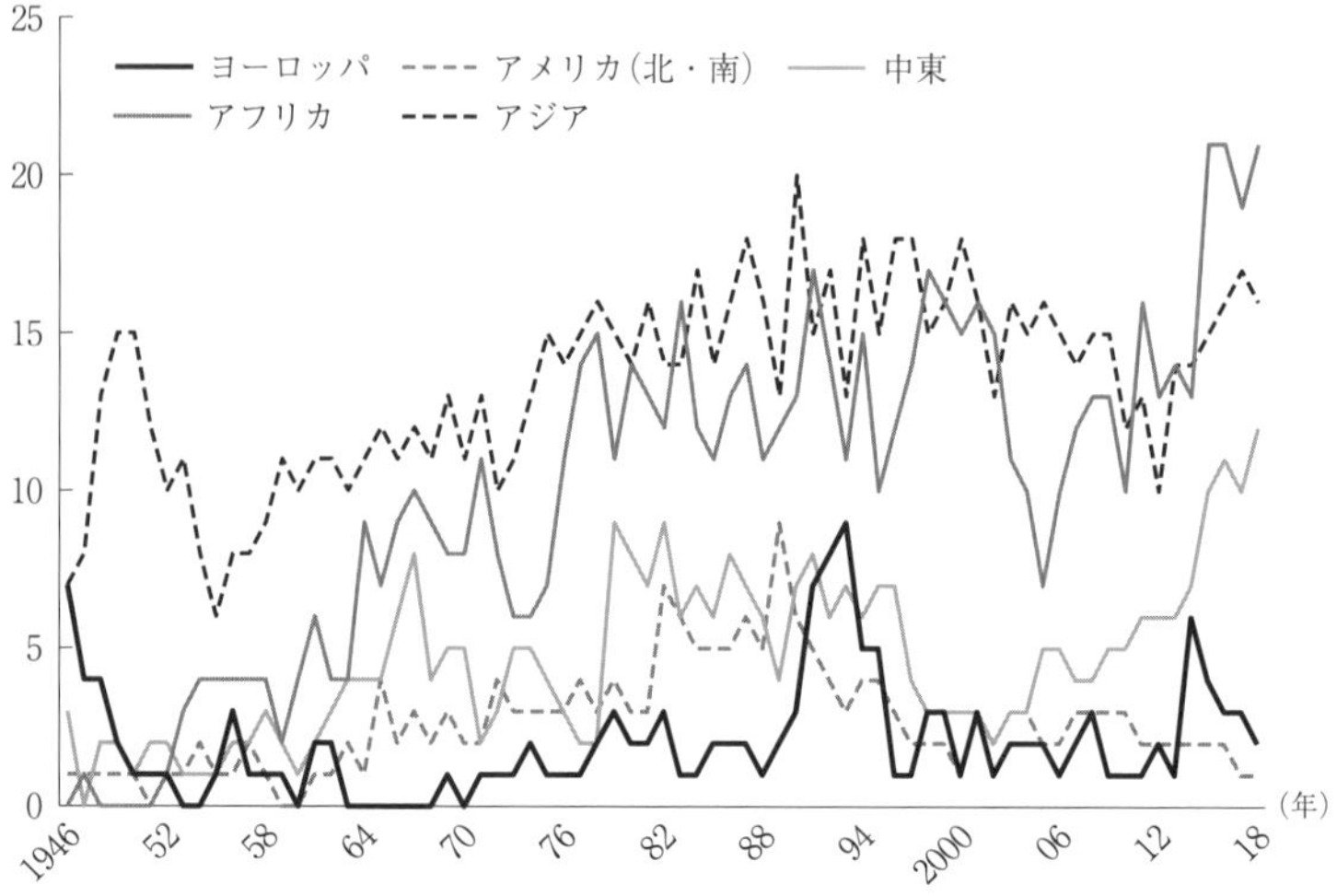

図 0-1　地域別武力紛争件数(1946-2018 年)

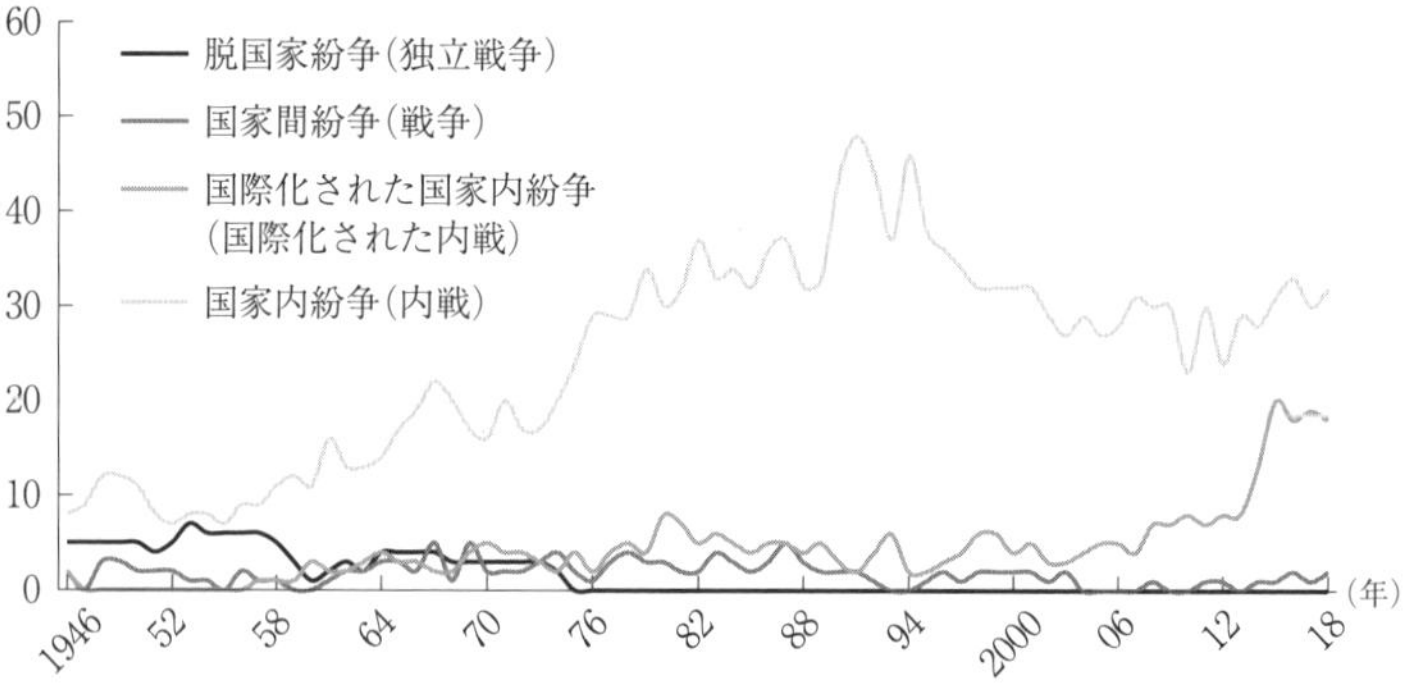

図 0-1，0-2 出所)　Uppsala Conflict Data Program(UCDP)のデータをもとに筆者作成.

図 0-2　タイプ別武力紛争件数(1946-2018 年)

ンティティを「本来の姿」に取り戻すことが至上命題とされてきた。

このような「国家建設」や「平和構築」で想定されてきたのは、今日の世界におけるいわば普遍的なルールとなっている、法制度として確立された理念型としての国家——主権国家(国民国家)——に他ならない。

しかし、紛争の帰趨を注意深く眺めてみると、こうした理念型としての国家とは異なる、経験的な国家が立ち現れるケースがあることに気が付く。軍閥や武装勢力による暴力を通した実効支配、民族や宗教に基づく分離独立の試み、紛争における戦局の膠着がもたらす国土の分裂など、理念型としての国家とは異なる姿の国家が誕生・存続することがある。

それを象徴したのが、シリアとイラクにまたがる地域に暴力を通して一方的に「建国」を宣言した「イスラーム国(IS)」であり、あるいはソマリアのなかで紛争を通して一定の自治を確立したプントランドや自ら独立を宣言したソマリランドであろう。

これらの経験的な国家は、シリアやイラク、ソマリアという国家の枠組みに構造と認識の両面から挑戦する存在であり、それゆえに理念型としての国家から「逸脱」するものと見なされる。すなわち、法制度として確立された国家を領域的に分裂・解体するものであると同時に、今日の世界における国家が依拠する存立原理——中央集権的な支配に基づく主権国家および民族/国民を単位とする国民国家——を動揺させるものとなる。

こうした国家を理念型からの「逸脱」であると批判することは容易い。だが、重要なのは、これらの国家が統治機構や政治共同体の面で、あるいはその両面において、実際に機能していしまっている現実が存在することであろう。現行の国家における中央政府が機能不全を露呈したとき、さらには国民としての意識が希薄化し統合が損なわれたとき、それらに代わるかたちや補うかたちで新たな国家が出現する状況である。だとすれば、理念型としての国家は、そこで暮らす人びとにとって経験的にはそれほど意味がなく、信頼や共感の対象ではなくなる可能性もある。

本書は、主要な紛争経験国を取り上げ、特に一般の人びとの認識というミクロ・レベルから、今日の世界における国家の多様なあり方を浮き彫りにしようとするものである。そして、その作業を通して、理念型としての国家の再生を前提とした画一的・単線的な政策――「国家建設」や「平和構築」――のあり方を再考し、「グローバルな危機」としての紛争にどのように対応すべきなのか、新たな知見を導き出すことを目指す。

一　新たに立ち現れる国家

理念型としての国家

今日の世界における国家とは何か。よく知られているように、いわゆる近代国家の三要素として挙げられるのは領土、国民、主権である。すなわち、一定の地理的領域(領土)とそこに恒常的に住む住民(国民)が存在しているだけでなく、そこで行使されうる排他的支配権(主権)が確立されていなければならない。国家を考える上で、主権が確立されているかどうかが重要な問題となる(久保ほか二〇一六：一二三―一二七)。

古代ギリシャの哲学者のプラトンやアリストテレスが国家についての考察を残しているように、国家には長い歴史がある。しかし、そのすべての時代を通じて上述のような国家、すなわち、主権国家が存在したわけではない。主権の概念を定式化したフランスの法学者ボダンの『国家論』が出版されたのは、一六世紀のことである。ヨーロッパで誕生した主権国家は、一六四八年のウェストファリア条約を一つの契機として法制度として整備が推し進められ、やがて他の地域にも拡大していった。このように、今日の世界における国家とは、近代以降に成立した主権国家のことを指す。

主権には二つの側面がある。国家の内部では、主権の存在とは、政府による実効支配が成立していることを意味する。これを対内主権という。一方、国家の外部との関係では、主権の存在とは、領土や国民が外国によって支配されておらず、政府が外国から独立して実効支配を行うことができること、そして、そのことが他国から認められていることを意味する。これを対外主権という。

つまり、一定の領土と国民が存在し、それに対する対内主権と対外主権の双方が確立されたとき、国家が成立していると見なされる。

対内主権の確立は、国内を実効支配する政府の成立と、その実効支配に対して拒絶・抵抗する勢力の不在によって確認できる。一方、対外主権の確立は、国内を実効支配する政府が他国の政府と対等な外交関係を成立させることで確認できる(Krasner 1999)。

このような主権国家の考え方は、二〇世紀には国際法を通して法制度として整備されていった。一九三三年に締結された「国家の権利及び義務に関する条約」(通称「モンテビデオ条約」)において国家の要件として挙げられた四つの項目、すなわち、①恒久的住民、②明確な領域、③政府、④他国との外交関係を形成できる能力のうち、③は対内主権、④は対外主権に合致する要件であると言える。こうして、今日における理念型としての国家が法制度として確立し、ヨーロッパの地を越えた普遍的なルールとなっていった。

経験的な国家

しかし、実際には、対内主権と対外主権が常に一致するとは限らない。その原因は、国家の歴史的な成立過程、例えば、ヨーロッパ列強の植民地主義によってそこで暮らす人びとの意思を十分に反映せずに国家建設が進められた現実に求められることもあるが、紛争の発生に伴って生じた政治的な混乱にある場合も少なくない。

紛争によって生じる対内主権と対外主権の不一致とは、どのようなケースがあるのだろうか。

まず、国連加盟を果たすなどして対外主権が確立されている一方で、内戦によって対内主権が失われた状態に陥るケースである。例えば、紛争勃発後のアフガニスタン(一九七九年―)、ソマリア(一九八八年―)、シリア(二〇一一年―)、リビア(二〇一一年―)、イエメン(二〇一五年―)などが挙げられる。

逆に、政府が領土に対する実効支配を完遂することで対内主権は確立していると言えるが、国家としての国際的な承認を得られていないため、対外主権が確立していると言えない状態に置かれるケースもある。冷戦終焉後の旧ソヴィエト連邦や旧ユーゴスラヴィアの崩壊過程でそうした事例が多数生じており、例えば、アブハジア(一九九四年―)や南オセチア(一九九二年―)などがそれにあたる。

このような対内主権と対外主権の確立の度合いを組み合わせると、今日の世界における国家をめぐって、四つの類型をつくることができる。対内主権と対外主権をそれぞれ概念上「政府」と「国家」に腑分けすることで、次のようなマトリクスが浮かび上がる（表0‐1）（遠藤二〇一五：二二一―二三〇）。「政府」による国内の実効支配が成立しており、「国家」として国際的な承認を得ているケースを、理念型としての国家――主権国家――と位置づけることができる（左上）。しかし、今日の世界で紛争によって立ち現れている経験的な国家は、この類型に収まらない。まず、内戦などによって「政府」が機能不全に陥っているものの、「国家」としての承認は喪失していない状態――上記のアフガニスタンやソマリアがそれにあたり、一般に「崩壊国家（collapsed state）」と呼ばれる（左下）。次に、「政府」は機能しているものの、「国家」としての国際的な承認を得られていない状態――上記のアブハジアや南オセチアなどの事実上の国家、いわゆる「未（非）承認国家（unrecognized state）」である（右上）。最後に、非「政府」であると同時に非「国家」の存在――ここには、主権国家以外の多くの組織（企業や社会運動組織など）が含まれるが、より包括的な概念として「非国家主体」を適用することができる。

表 0‐1　国家の四類型

	「国家」	非「国家」
「政府」	主権国家 （国民国家）	事実上の国家 （未［非］承認国家）
非「政府」	崩壊国家	非国家主体

出所）遠藤（2015：29）．

理念と経験のギャップ

この四類型のなかで、本書が主として着目するのは、崩壊国家である。紛争の発生によって実質的な非「政府」状態が発生しつつも、法制度上の「国家」としての国際的な承認は喪失していない国家である。崩壊国家においては、紛争で発生した対内主権の真空を埋めるかたちで軍閥や武装勢力による実効支配地域が生じたり、民族や宗教を単位とした分離独立が起こったり、経験的な国家が立ち現れることが少なくない。本書では、こうした経験的な国家を理念型としての国家からの「逸脱」と捉えるばかりではなく、その実態を正確に捉えることで、翻って、今日の世界における国家の多様なあり方を考えていく。

ある国家が紛争の発生によって崩壊国家となる——こうした現象は、長らく「失敗国家(failed state)」や「脆弱国家(fragile state)」といった概念で説明されてきた。しかし、これらの概念は、(成功ではなく)失敗や(強靭ではなく)脆弱といった呼称に見られるように、理念型としての国家にあるべきものがない、という欠陥や欠如を含意している。

その背景には、機能を十分に果たしていない国家の存在を問題視し、そこで生じ得る国際社会への潜在的な脅威を除去しようとする安全保障観が存在してきた(遠藤二〇一五:一四)。きっかけとなったのが、一九七九年から長年にわたって紛争状態にあったアフガニスタンに過激派組織アル＝カーイダが勃興したこと、そして、それが引き起こした二〇〇一年九月一一日の米国同時多発テロ事件であった。こうして、紛争経験国の「国家建設」や「平和構築」は、当事国だけでなく、国際社会の安全保障上の課題と見なされるようになった。

しかし、こうした「失敗国家」や「脆弱国家」をめぐる議論は、理念型としての国家の再生が暗黙の前提となっていることから、論者の選好や価値観に沿ったバイアスがかかりやすくなる。その結果、実態を捉えるための概念としても、また、実際の「国家建設」や「平和構築」の名の下での政策としても、国家が持ちうる多様なあり方を矮小化することにつながる。そして、そこでは経験的な国家は解消すべき問題としてのみ論じられることになる。

「国家変容」の一環としての紛争

とはいえ、近年の紛争国家をめぐる研究においては、複雑化する現実を見据えた上で、経験的な国家の姿を描き出し、その機能に一定の評価を与えるものも増えてきている。例えば、政府というフォーマルな統治機構だけでなく、インフォーマルな主体との競合や分担を拡大させることで新たな秩序を実現しようとする「ハイブリッド・ガバナンス(hybrid governance)」の議論や(Boege et al. 2008)、中央政府がルールと決定の強制や暴力の独占を完遂できていない状態を「限定された国家性(limited statehood)」と捉え、そうした地域で営まれる「国家なきガバナンス(governance without state)」に着目する議論もあり(Risse ed. 2013; Risse et al. eds. 2018)、必ずしも理念型としての国家の再生を前提としない考え方も広がっている。いずれも、今日の世界における国家の多様なあり方や可能性を射程に入れた立場からの議論であると言えよう。

本書でも、こうした立場を踏襲し、理念的な国家から距離を置きながら、経験的な国家の実態の解明を目指していく。すなわち、現行の国家が紛争を経験した際、それを理念型の崩壊・解体の危機として捉えるだけではなく、現代世界において国家がそのあり方を根底から変えようとする契機と見なす立場である。

これに基づけば、紛争は、理念的な国家の崩壊・解体の可能性を含むだけでなく、「統治機構の再整備だけでなく、領域や主権、国民の再定義もが同時並行的に進んでいくプロセス」である「国家変容(state transformation)」の一環と捉えることができよう(末近二〇一三:七七)。

二 「グローバル関係学」が捉える国家

国家変容をめぐる「下からの視座」

「グローバルな危機」の一つとしての紛争、そして、それによって顕在化する国家の多様なあり方を分析するには、どのようなアプローチがあり得るだろうか。

アフリカ国家論においては、二一世紀に入って以降、「国家のあり方を交渉する(negotiating statehood)」という議論が注目を集めてきた。そこで提起されたのは、「地方レベル、国家レベル、そして国境を越えるレベルの主体が、交渉、競合、寄せ集め・器用仕事といった過程を経て、いかに国家を創り出したり、修正したりするかを捉えようとする分析枠組み」である。具体的には、誰によってどのような支配が確立されるのか、その過程を分析するために主体、資源、手法に光を当て、さらにはこれらが展開される空間や場所がどのように設定されるのか、そして、こうした交渉過程を経て導き出された結果がどのようなものとなるのか、実証を積み重ねていく方法である(Hagmann and Péclard 2010: 543-544)。

この方法は、国家のあり方をめぐって生起する様々な主体に着目する「下からの視座」を採用するものであり、法制度上の理念型としての国家から距離を置き、経験的な国家の実態解明に一定の有効性を発揮すると考えられる。ただし、この「国家のあり方を交渉する」という議論は、アフリカの国家のあり方のダイナミズムと複雑性を捉えるための方法として提起されたものであり、厳密な理論の構築は必ずしも想定はされていない（遠藤二〇一五：五）。特に、その「交渉」に参画する主体の範囲については、分析対象となる国家やケースによって異なり、結果的に「国家変容」を左右する様々な要因に関する一般的な示唆を導き出すことにつながってはいない。

紛争によって活性化する「埋め込まれた関係」

こうした問題を受けて、本書が採用するのが「関係性」に着目した「グローバル関係学」の考え方である（酒井二〇二〇a）。その考え方においては、二〇世紀までに確立された学問的前提として、次の三つの観点から主体中心の分析を見直す必要が強調されている。第一に主体の一体性と固定性、第二にその主体間の関係を分析する上で、同じレベルの主体同士の関係を中心に考えること、第三に様々なレベルの非国家主体に対する国家主体の優位性、である。

「グローバル関係学」は、この主体中心主義の相対化を目指し、それに代わる「関係中心主義（relationalism）」を掲げる。それは、二一世紀に入って頻発する「グローバルな危機」が、一体的で固定的、そして常に相対的な優位にあると考えられてきた主体によって引き起こされているのではなく、「様々な関係性が交錯する網状の世界――主語のない世界」のなかから浮き上がってくるためである。そこでは、主体の優劣や主従を固定的なものと捉えるのではなく、関係性のなかで主体自体が可変的であるという性質が重視される。すなわち、主体が「関係性」を絶えず取り結ぶと同時に、反対に「関係性」が主体を形作り、また、変化させていくという見方である。

国家を主体とする従来の見方——場合によっては、「国家建設」や「平和構築」——も、理念型としての国家の一体性と固定性、さらには相対的な優位性を自明視することで、「社会内部で独自に想像された対他関係」、すなわち、「埋め込まれた関係性(embedded relationship)」(酒井二〇二〇b)を等閑視する傾向があった。

しかし、紛争は、この「埋め込まれた関係性」が活性化する契機に他ならない。それまで良き隣人であった人びとが憎き敵となる、仲間であった人びとが他者となる、自明であった「政府」や「国家」への疑義や反発心が生まれる——紛争は、あらゆるものの「関係性」を浮き彫りにし、翻って、主体のあり方をも変えていく。

そのため、紛争経験国を扱う場合には、理念型としての国家の存在を自明視し、それを取り巻く数々の主体の存在や相互の関係を固定的に捉えるのではなく、上記のような「関係性」に着目することで、紛争という「国家変容」のなかで経験的な国家が立ち現れていく実態の解明が重要となるのである。

「関係性」から浮き彫りになる国家

これを踏まえると、本書が扱う紛争経験国をめぐる議論においては、次の二つの「関係性」に着目することが、国家の多様なあり方を浮き彫りにすることにつながると考えられる。

第一の「関係性」は、エリートと非エリートとの「関係性」である。「国家のあり方を交渉する」ことに参画する主体は、国家主体、非国家主体ともにエリートが担うものと想定されがちである。具体的には、当該国家の政府や諸外国の政府、国際機関、あるいは軍閥や武装勢力などが主体として取り上げられるが、その場合、これらの言動が実質的な分析対象となる。

例えば、分離独立運動においては、それを主導する指導部やイデオローグが紡ぎ出す言説に着目することで、そこで構想される分離独立後の国家の姿を捉えることができる。さらには、それが現行の政府や他の運動の掲げる国家とどのように違うのかについて分析を進めていくことができる。

しかし、「交渉」のダイナミズムは、こうした運動の指導部や政府といったエリート中心の主体同士の間だけで捉えられるものではない。実際には、非エリートである一般の人びとの意識や働きかけが、エリートの主体としてのあり方を絶えず変えていく。非エリートは、エリートの言動に従順な客体でもなければ、一体的で固定的な主体でもない。ここで重要なのは、非エリートとエリートの両者を可変的で融通無碍な主体たらしめる、常に変化し続ける両者の「関係性」に着目することである。

こうした考え方に基づき、本書では、紛争経験国に立ち現れる経験的な国家の姿を捉えていく上で、従来の研究が明らかにしてきたエリート中心の主体が掲げる国家のあり方だけでなく、非エリートである一般の人びとの意識を析出することを試みている。そのための手法として採用したのが、世論調査である。言うまでもなく、世論調査は、紛争経験国、特に現在進行型で紛争が起こっている諸国で実施するのには多大な困難が伴う。しかし、本書の各章で触れられているように、当該国ないしはその周辺国の研究機関の協力を仰ぐことでそれが可能となる場合もある。

第二の「関係性」は、その一般の人びとが抱いている国家観におけるズレである。ここで言う国家観とは、理念的な国家の成立条件とされる①対内主権に対する認識と②対外主権に対する認識の二つによって定義されるものとする。すなわち、上述のマトリクスで示した「政府」と「国家」への評価という二つの変数によって定義されるものであり、現行の統治機構(「政府」)と政治共同体(「国家」)をどの程度受け入れているか、その度合いの組み合わせによって規定される。

ここで着目するのは、この国家観を構成する①と②の変数の間の「関係性」である。前節で論じた政府と国家の二つの要素から構成される四類型が、いずれも主権の確立という「上からの視座」――「政府」による国内の実効支配の有無と「国家」としての国際承認の有無――から導き出されていたのに対して、ここで言う国家観は、あくまでも一般の人びとの認識から析出されるものである。つまり、この①と②の度合いが高いことが、法制度としての理念型ということになるが、紛争によって経験的な国家が立ち現れることで、この理念型とは異なる認識が生じることとなる。それが、ここで言うところのズレである。

例えば、「政府」による統治への評価が高いにもかかわらず、「国家」への帰属意識が乏しいというズレ、あるいは、反対に、「政府」への期待が乏しいにもかかわらず、「国家」への帰属意識は強いというズレもあり得る。さらには、「政府」への期待と「国家」への帰属意識の両方が乏しい、という場合もあるであろう。いずれのケースも、理念型にとらわれない国家のあり方、別の言い方をすれば、一般の人びとの国家観の多様性を読み取ることができる。

国家観のズレのマトリクス

このように、本書では、第一と第二の「関係性」、つまり、一般の人びとの国家観のズレに着目しながら、紛争経験国における国家のダイナミズムを解明していく。そのズレについては、「政府」と「国家」への評価を二つの軸として、次のようなマトリクスを描くことができる（図0-3）。

第一（左上）は、「政府」と「国家」の両方を受け入れる状態を指し、理念型としての国家への肯定的な姿勢を意味する。第二（右上）は、「政府」は評価するが、「国家」への帰属意識は希薄な状態である。第三（左下）は、「政府」は評価しないが、「国家」への帰属意識は有している状態、そして、第四（右下）は、「政府」も「国家」も受け入れない、つまり、現行の国家とはまったく異なる国家を想定している状態である。

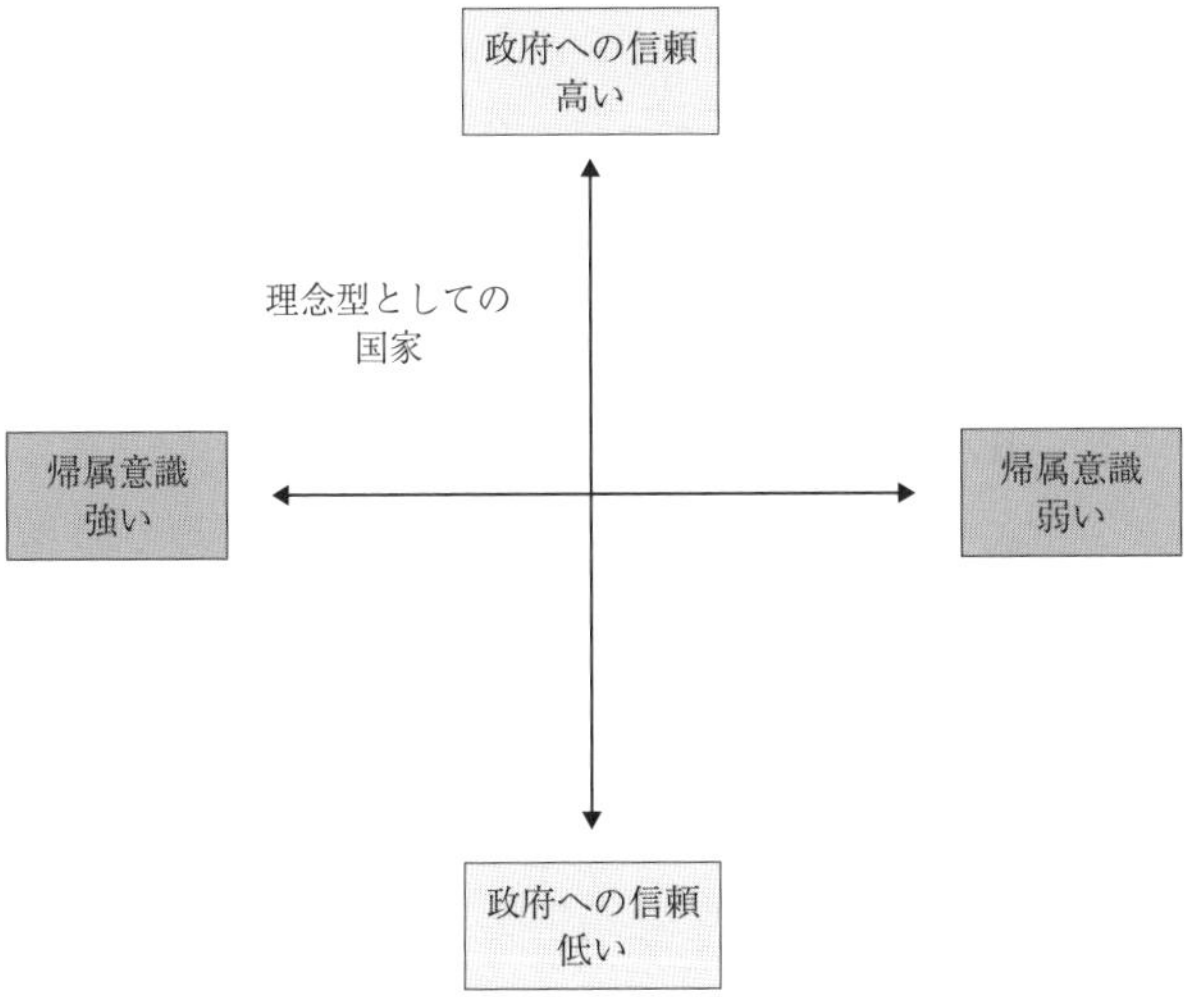

出所）　筆者作成.

図 0-3　国家観のズレ

ただし、このマトリクスは静的なものではなく、上述の「国家変容」の観点を踏まえると、絶えず変化を見せる動的なものとして考える必要がある。ある国家が紛争の発生によって位相を変えることもあれば、国家の分裂によって異なる国家が複数形で立ち現れることもある。重要なのは、紛争というものが、理念的な国家の崩壊と再生という画一的・単線的な帰結しか生まないわけではないと前提すること、そして、経験的な国家が立ち現れるときに、エリートだけでなく非エリートの認識の実態を把握する必要があること、である。

このような作業を行うことで、今日の世界における国家のあり方を浮き彫りにできるものと考えられる。

三　各章の概要

本書では、アジア、アフリカ、ヨーロッパの主要な紛争経験国を取り上げる。そして、それらの諸国が「紛争」と「再建」の二つのいずれの段階にあるのか、その違いに基づき、それぞれ第Ⅰ部と第Ⅱ部に大別している。

第Ⅰ部「紛争と国家変容」では、現在進行形で紛争が起こっている諸国を取り上げる。いずれの事例も、紛争は中央政府の争奪戦という、国内のプレイヤーによる権力闘争に限定されるものではなく、「政府」にせよ、「国家」にせよ、人びとのあいだでそれらが必ずしも自明なものではなくなった状態にある。しかし、それを単純に理念型としての国家の喪失と捉えるのではなく、新たな国家が立ち現れる過程として位置づける。

第1章では、二〇一一年から紛争下にあるシリアにおいて、市民が自らの国家をどのように捉えているのか、世論調査の結果の分析を通して浮き彫りにする。シリア紛争は、しばしば「国際化された内戦」とも呼ばれる。すなわち、単なる国内での権力闘争にとどまらず、周辺国や大国の介入による「代理戦争」としての性格を持ち、また、それに伴い主権国家としてのシリアを規定していた領域、国民、主権の定義が揺らいでいる。本章では、これを国家観の拡散と捉え、計量的な手法を用いてその実態を描き出す。

第2章は、二〇一五年から続くイエメン内戦を扱う。その目的は、「グローバル関係学」のアプローチを用いて、この事例が持つ複雑な背景や展開を整理することである。しかし、内戦の主体の双方が自らの目的を明示していないことが、その理解にとって大きな障害となっている。そこで、内戦の直前と内戦中に実施された世論調査の結果を援用しながら、内戦の主体の支持者の地域的分布や政治状況への評価を分析することで、主体の立場や傾向を浮き彫りにする。

第3章では、二〇一一年の内戦後も諸勢力の政治・軍事対立が続くリビアにおける国民の政治意識を分析し、安定化に向けた課題を考察する。世論調査の結果は、国民が既存の政治制度や政治的包摂を支持し、国民意識を共有し、今後の政治プロセスに参加する意欲を持っている事実を示している。しかし、リビアでは、脆弱な中央政府が非国家主体の活動や諸外国の介入を許してきたことで、国家の「断片化」が進んでいる。対立する勢力の停戦・和解の糸口が見えない限り、紛争が継続し、事態のさらなる悪化が危惧される。

続く第4章では、アメリカ開発庁(USAID)が外部コンサルタントに委嘱して実施したソマリ世論調査(Somali Perception Survey: SPS)のデータを利用して、ソマリアにおける人びとの国家観の特徴を検討する。ソマリアにおける人びとの各種認識の結果の精査を通して、前半では、その特徴の把握に努め、特にプントランドにおいて特有の傾向が見られることを描きだす。後半はその特徴が持つ意味を、ソマリアにおける一九九〇年代以降の政治史から読み解く作業を行う。

第Ⅱ部「再建と国家変容」では、主に紛争後の諸国を取り上げる。ただし、ここで言う「紛争後」は、大規模な戦闘の終結や和平協定の締結がなされたことを指す一方で、それらが平和や安定と必ずしもイコールではないものとする。確かに、多くの場合において、「国家建設」や「平和構築」が掲げられ、理念型としての国家の再生が目指されているのも事実である。しかし、実際には「政府」だけでなく「国家」のあり方についての人びとの期待や認識は、収斂するどころか拡散を見せることがある。したがって、ここでは、紛争後といえども、それを予定調和的な、ないしは規範や期待を込めた理念型としての国家の再生のプロセスではなく、継続する「国家変容」の一端として捉える。

まず、第5章では、イラクで行った複数の世論調査のプールデータを計量分析することで、二〇〇三年のイラク戦争後に起こった国内での紛争が、イラク人の国家観の形成と変容に与えた影響を明らかにする。世論調査の結果からは、これまで前提視されてきた非国家主体による越境的ネットワークの影響力の低さ、国家機構や政治エリートに対する強烈な不信感、そして、それらが本来の役割を果たすことへの強い期待が看取できる。紛争は、既存国家の枠組みに対して修正を迫ることはなかったが、他方で国民統合のあり方に対しては、多様な影響を与えたのである。

第6章では、紛争後のボスニアにおける国家観について、世論調査データに基づいて検討する。ボスニアでは、一九九〇年代に三つの主要民族がそれぞれ異なる国家像を求め、激しい内戦が繰り広げられた。すでに紛争終結から二〇年以上が経過し、欧米諸国を中心とした国際社会の主導の下で、紛争後の復興と国家再建が進められてきた。しかし、本章の分析は、機能としての国家は相当程度再建されたと言える一方で、帰属意識という点で言えば、市民たちがボスニアという国家の枠組みを正当なものとして受け入れているとは依然として言い難いことを示している。後者の意味での国家の再建が進んでいないというボスニアの現状を踏まえれば、ボスニアの将来について楽観視することはできないと考えられる。

第7章では、紛争後のインドネシアを取り上げる。一九九八年の民主化以降、インドネシアでは各地で分離独立運動や住民抗争が起こったが、二〇〇〇年代半ばまでにそれらのほとんどが収束し、民主主義の下で安定した国家が再建されたと見なされてきた。しかしながら、二〇〇〇年代半ば以降、民主化とイスラーム化で新たな社会的分断が生じ、宗教マイノリティへの不寛容や迫害も深刻化した。世論調査の結果から、インドネシアで起きている社会的分断とマイノリティ迫害の背景にある人びとの意識を詳らかにし、コミュニティ・レベルの紛争や暴力を封じる上で国家制度が信頼を得られていない実態を示す。そして、このような国家の脆弱性がインドネシアにおけるマジョリティとマイノリティの関係性を不安定化させ、民主的社会の分断とマイノリティ迫害を助長していることを明らかにする。

第8章は、民主化途上にあるミャンマーの国家再建を主題とする。長らく紛争と軍政が続いたミャンマーでは、二〇一五年にようやく民主的な選挙が行われ、新政権が発足した。しかし、政治における軍のプレゼンスはいまだに大きく、また宗教・民族マイノリティへの迫害も起こり、それが国家再建の行く末に暗い影を落としている。世論調査の結果から、軍の役割や民主主義、マイノリティ迫害に対する人びとの認識を析出し、マジョリティとマイノリティとの間の認識の「ずれ」から、ミャンマーにおける国家再建の難しさを論じる。

最後の第9章は、西アフリカ・シエラレオネが直面したエボラ危機を考察することで、シエラレオネの人びとが持つ国家観について考える。エボラ出血熱は致死性の高い感染症であり、シエラレオネでは二〇一四—二〇一六年にかけてその流行に見舞われた。この流行の際に功を奏したのは、官僚制度に則った対策ではなく、エリートと非エリートとのインフォーマルな「関係性」を通じて実施された対策であった。内戦を経験したシエラレオネでは政府に対する評価も低く、国家に対する帰属意識も弱い。そうした国家が、エリートと非エリートのインフォーマルな関係を通じて「機能」したことを本章では指摘する。このシエラレオネの経験は、感染症のパンデミックのような新たな「グローバルな危機」に直面した際、国家がどのような役割を果たすべきか、また、果たし得るのか、再考を促すものとして示唆に富む。

以上、二一世紀の世界における主要な紛争経験国に立ち現れた多様な国家の実証分析を通して、「グローバルな危機」の実態の把握とその克服のための何らかの知見を見出すことが、本書の目指すところである。

参考文献

遠藤貢(二〇一五)『崩壊国家と国際安全保障——ソマリアにみる新たな国家像の誕生』有斐閣
久保慶一・末近浩太・高橋百合子(二〇一六)『比較政治学の考え方』有斐閣

酒井啓子(二〇二〇a)「グローバル関係学はなぜ必要なのか——概説」、酒井啓子編『グローバル関係学とは何か グローバル関係学 第1巻』岩波書店
酒井啓子(二〇二〇b)「「みえない関係」を分析する——埋め込まれた関係という視座」、酒井啓子編『グローバル関係学とは何か グローバル関係学 第1巻』岩波書店
末近浩太(二〇一三)『イスラーム主義と中東政治——レバノン・ヒズブッラーの抵抗と革命』名古屋大学出版会

Boege, Volker, Anne Brown, Kevin Clements, and Anna Nolan (2008) *On Hybrid Political Orders and Emerging States: State Formation in the Context of 'Fragility'*, Berghof Foundation.
Hagmann, Tobias and Didier Péclard (2010) "Negotiating Statehood: Dynamics of Power and Domination in Africa," *Development and Change*, 41(4).
Krasner, Stephen D. (1999) *Sovereignty: Organized Hypocrisy*, Princeton University Press.
Risse, Thomas ed. (2013) *Governance without a State?: Policies and Politics in Areas of Limited Statehood*, Columbia University Press.
Risse, Thomas, Tanja A. Börzel, and Anke Draude eds. (2018) *The Oxford Handbook of Governance and Limited Statehood*, Oxford University Press.

I

紛争と国家変容

第1章 紛争下シリアにおける国家観の拡散
——アサド政権の「勝利」を捉え直す——

末近浩太

はじめに

二〇一一年に「アラブの春」の一環として始まったシリア紛争は、甚大な被害をもたらしながらも、バッシャール・アサド政権の軍事的・外交的な「勝利」によって、いったんの収束を迎えたと言える。その背景には、二〇一五年後半にアサド政権を支持するロシアが軍事介入に踏み切ったことに加えて、紛争の泥沼化に伴う過激派組織の勃興と難民の大量発生のリスクを認識した欧米諸国が、同政権の存続をいわば必要悪として黙認するようになったことがあった。

しかし、このアサド政権の「勝利」を紛争の解決と見なすことはできない。シリアには、市民生活や社会インフラの破壊、民主化の頓挫、過激派の跋扈、そして、諸外国による国土の一部の占領など、数多くの深刻な諸問題が残された。そして、何よりも、その「勝利」は、アサド政権の権威主義体制に特徴づけられる、それまでのシリアがそのまま存続することを意味した。

シリアの市民は、この「勝利」をどのように見ていたのか。言い換えれば、アサド政権の存続、そして、シリアという国家のあり方をどのように考えていたのか。本章では、紛争下シリア――シリア・アラブ共和国――における市民の国家観を、二〇一七年末に実施した世論調査の結果から読み解く。

一 「国家拡散」の暴力的な発現としてのシリア紛争

「二一世紀最大の人道危機」

シリアは、紛争が勃発するまでの四〇年にわたって、ハーフィズ(在任一九七一―二〇〇〇年)とその息子のバッシャール(在任二〇〇〇年―)を大統領とするアサド政権による権威主義体制下に置かれていた。二〇一一年春、市民による非暴力の民主化運動、「アラブの春」に直面したアサド政権は、武力を用いてこれを鎮圧しようとした。それに対して、市民の側、特に反体制派を自称する勢力も武装化を推し進めた。こうして暴力の連鎖が始まり、シリアは内戦状態に陥った。

だが、これも悲劇の序曲に過ぎなかった。周辺の中東諸国、さらには、欧米諸国がそれぞれ異なる目的を持って外部介入を拡大することで、戦闘の規模や被害が拡大しただけでなく、多数の主体の思惑が錯綜するようになった。その結果、内戦を終結に導くシナリオの策定が困難となった。アサド政権の打倒を是とするトルコ、サウジアラビア、カタル(カタール)、米国、ＥＵが反体制派を、他方、現状維持を望むイラン、ロシア、中国が同政権を、それぞれ支援した。つまり、シリアでの内戦は諸外国による「代理戦争」の様相を呈するようになり、いわゆる「国際化した内戦」――ゆえに本章ではシリア内戦ではなくシリア紛争と呼ぶことにする――となったのである(青山二〇一七)。

悲劇はさらに続いた。紛争の拡大と長期化は、シリア領内に「統治されない空間(ungoverned spaces)」を生み出し、それを埋めるかたちで「イスラーム国(IS)」をはじめとする過激なイスラーム主義組織が跋扈した。それどころか、このISに対する「対テロ戦争」の名の下に、トルコ、イスラエル、米国といった諸外国が領土の一部を事実上の占領下に置くという、異常な事態が引き起こされた(末近二〇一八)。

こうして泥沼化した紛争は、シリアの国土を荒廃させ、二〇二〇年春までの九年間で、五〇万人とも言われる死者、そして、国連難民高等弁務官事務所(UNHCR)への登録数だけでも最大で五六〇万人を超える難民の発生をもたらした。また、総人口(約二一〇〇万人、二〇一〇年)の約四分の一以上にも上る六二〇万人以上の市民が国内避難民(internally displaced persons: IDP)となり、住処を追われた。こうして、シリア紛争は、「二一世紀最大の人道危機」と呼ばれるようになった。

「未完の物語」としての「シリア分割」

現在の主権国家(国民国家)としてのシリアは、二〇世紀初頭、両大戦間期の西洋列強による国境線の画定、いわゆる「シリア分割」によって形成された。この「シリア分割」における「シリア」とは、アサド政権が統治してきたシリアと同義ではなく、アラビア語で「シャーム(al-Shām)」と呼ばれる、ダマスカスを中心とした緩やかな地理認識に基づいた地域である。第一次世界大戦で敗れたオスマン帝国(一二九九―一九二二年)の崩壊に伴い、西洋列強によってこの「シリア＝シャーム」が分割され、シリア、レバノン、ヨルダン、パレスチナ／イスラエル、そしてトルコとイラクの一部という現行の主権国家群へと再編された。

ここで重要なことは、この地で活動する政治勢力のほとんどが、地域としての「シリア＝シャーム」の認識を共有しながらも、そこにどのような国家を建設するかについてはそれぞれ異なった認識だったという事実である。そして、その国家は、必ずしも主権国家と同義ではなく、宗教に基づく政治共同体が構想されることもあった。

「シリア＝シャーム」を含むアラブ世界における国家建設の理念は、①民族に基づいた属人的なナショナリズムである民族主義(qawmiya)、②郷土を単位とした属地的なナショナリズムである国民主義(waṭaniya)、③そしてイスラーム法(シャリーア)に従った国家建設を目指すイスラーム主義(islāmiya)の三つに分類される。

①の民族主義においては、国民となる民族の定義が最重要視される。その代表格が、アラビア語を母語とするアラブ民族のための国家建設を目指すアラブ民族主義である。②の国民主義では、領域の画定を出発点に主権の担い手である国民が定められる。例えば、ナイル川下流沿岸地域に集住するエジプト人によるエジプト国民主義が挙げられる。③のイスラーム主義の場合は、一定の領域において排他的な政治共同体が想定されるのではなく、伝統的なイスラーム的統治理念の実現が目指される。すなわち、主権は万物の創造主である神(アッラー)に属しており、国家は神からイスラーム共同体(ウンマ)に信託された主権を行使する機関とされる。そのため、まず問題となるのは、領域や国民の定

義ではなく、国家が神から信託された主権を行使する資格を持っているかどうか、すなわち、イスラーム法に則しているかどうかになる。

この三分類において、国家の第一義的な要素はそれぞれ領域、国民、主権に求められているが、これらはいわゆる近代国家の三要素に符合する。つまり、二〇世紀以降のアラブ世界においては、領域、国民、主権のいずれかについて建設されるべき国家の第一義的な性格を定めた上で、政治の現実に応じて残りの二つの最適解が導き出されてきたのだと言えよう。

このような民族主義、国民主義、イスラーム主義という三つの国家建設の理念の錯綜は、今日の中東の随所で観察することができ、「領土とアイデンティティの不一致」(Hinnebusch 2015: 5-11)などと表現される政治の不安定要因の一つと見なされてきた。この問題が最も深刻なかたちで表出してきたのが、この地域としての「シリア＝シャーム」であった。パレスチナ問題、クルド問題、レバノン内戦(一九五八年、一九七五―一九九〇年)、そして、シリア紛争(二〇一一年―)――いずれも、現行の主権国家群の解体や再編の契機を孕んでおり、また、実際に国境線の画定や国民の定義をめぐる戦いが繰り広げられてきた。

そして、何よりも、アサド政権における支配政党であるアラブ社会主義バアス党(以下、バアス党)が、現行の主権国家としてのシリアを――少なくとも理念上は――暫定的な状態と捉えており、その再編の可能性に含みを持たせ続けている。バアス党は、一九四七年の結党以来、世俗的なアラブ民族主義を党是としており、シリアを将来の「アラブ統一」に向けた「前衛」と位置づけ、それを自らの権威主義的支配の正統性と喧伝してきた。

このように、「シリア＝シャーム」においては二〇世紀初頭の「シリア分割」後に主権国家群が成立し、その枠組みが一定の強靭さを発揮しているものの、この地に建設されるべき国家をめぐる人びとの間の認識――国家観――は揺らぎ続けてきた。つまり、オスマン帝国の崩壊を機に起こった「シリア分割」は、主権国家群の創出という現象だけでなく、「シリア＝シャーム」のあり方をめぐる国家観の分極化という認識の側面をも有し、また、今日まで継続する「未完の物語」なのである（末近二〇〇五a、二〇〇五b）。

「国家拡散」仮説

今日のシリアを中核とする「シリア＝シャーム」においては、多様な国家建設の理念が存在し、また、それらが必ずしも収束に向かっていない状況が続いている――こうした見方を、本章では「国家拡散（state-diffusion）」仮説と呼ぶことにする。

この仮説の名称は、地理学者ハグマンと人類学者ヘーネがアフリカの国家に関する研究で展開した、「国家収斂（state-convergence）」仮説への批判に着想を得たものである。彼らは、アフリカの国家が、欧米諸国の求める世俗的でリベラルな民主主義と機能する中央集権的な政府を特徴とする国民国家へと収斂すると考えるのは「目的論的な信念」に過ぎないと批判した（Hagmann and Hoehne 2009）。実際の国家は、領域、国民、主権のいずれのあり方においても多様な姿をしているが、それを規範的な国家観からの「逸脱」と捉えるのではなく、新たな国家の生成のモメントとして捉えるべきである、というのが彼らの議論の創見であった（遠藤二〇一五）。

上述のようなシリアを取り巻く政治環境に鑑みれば、本章でも同様の議論が可能であろう。「未完の物語」としての「シリア分割」——それは、「国家収斂」と逆の現象としての「国家拡散」に他ならない。そして、実際に、現代シリア研究における多くの著作が、主に歴史、思想、政治の三つの視角から、その実態を明らかにしようと努めてきた。

歴史においては、オスマン帝国崩壊期における人びとの忠誠心や帰属意識の分裂を活写したもの（Gelvin 1998）、思想では、現行の主権国家群とは異なる国家の建設を掲げるエリートのイデオロギーを分析したもの（Suechika 2011）があり、それぞれ主権国家としてのシリアの形成や存在を過度に自明視せず、それ以外の国家観が生成されてきたことを明らかにしている。特に、この「シリア＝シャーム」の地では、シリアよりも上位の政治共同体の建設を目指すアラブ民族主義やイスラーム主義といった「汎イズム」が盛んに語られてきた。

また、政治の分野としては、クルド人による自治・独立への動きやアサド政権によるイスラエルとの軍事的な対峙を論じたもの（Jörum 2014）、シリアとレバノン両国間の政治的な相互浸透を取り上げたもの（青山・末近二〇〇九）などが挙げられ、シリアの国内政治が現行の主権国家の枠組みを拡大／縮小しながら展開する実態やそのメカニズムを明らかにしている。また、近年では、ISによるシリアとイラクにまたがる地域での一方的な「建国」宣言を受けて、過激なイスラーム主義者による独自の国家建設の試みに関する研究が盛んになった（例えば、ムバイヤド二〇一六）。

これらの研究は、「シリア＝シャーム」における国家のあり方が一様ではないという現象レベルだけでなく、エリートを中心とした人びとの認識レベルでの「国家拡散」を描き出してきたと言える。

ただし、シリアにおける国家は、常に拡散のベクトルを向いてきたわけではなく、時代によっては収斂の様相も見せてきた。そこには、植民地からの独立の気運の高まりやその達成、アラブ民族主義やイスラーム主義など現行の国家に対するオルタナティブとなる思想の後退、イスラエルなど他国との戦争による国民意識の高揚や冷戦後の民主化の機運の高まりなどが作用してきた。しかし、二〇一一年に始まった紛争においては、上述のように、無数の過激なイスラーム主義組織の跋扈やクルド人の自治・独立に向けた運動の台頭が見られるようになったことから、現象と認識の両方のレベルにおける国家観の拡散を経験的に観察することができよう。

いずれにしても、従来の研究を総じて見れば、第一に、そのほとんどが一次資料や報道資料を通して政治家や思想家といったエリートの思想や活動の分析に注力してきたこと、第二に、それゆえに、主に定量的ではなく定性的な手法が用いられてきたこと、を指摘できる。

これに対して、本章は、世論調査というこれまで用いられてこなかった手法を採用することで、特に認識レベルにおける「国家拡散」についての新たな知見を提供しようとするものである。具体的には、第一に、エリートではなく一般市民の国家観の析出を試みること、第二に、それを定性的ではなく定量的な手法で実証することを目的とする。

権威主義的支配が蔓延してきた中東諸国での世論調査の実施は困難であったが、「アラブの春」による部分的な政治の自由化によって徐々に解禁されつつあり、それに伴い定量的な政治分析の数も増えている(Benstead 2018)。しかし、二〇一一年の紛争勃発後のシリアについては、世論調査の実施困難から依然としてデータの「空白」が続いている。そのため、本章で用いる独自の調査の結果は、それ自体が貴重なデータであると言えよう。

二　シリア人の国家観を構成するもの

世論調査という手法

以下では、シリアにおける「国家拡散」仮説を作業仮説に設定し、特に認識レベルのその実態についての実証を行う。具体的には、独自に実施した世論調査の結果の分析を通して、市民の国家観がどの程度拡散しているのか、その実態を浮き彫りにする。そして、その上で、拡散が見られるのだとすれば、それを引き起こしているものは何か、その要因の特定を試みる。

今回の世論調査は、シリア世論調査研究センター（Syrian Opinion Center for Polls & Studies）の全面協力を得て、シリア国内に居住する男女一〇〇〇人を対象に二〇一七年一二月に実施された。サンプリングは、シリアの内閣府中央統計局が発表した人口動態推計値（エスニシティ、社会的属性、経済的属性、居住地）に基づき層化クラスタ無作為系統抽出法を採用した[1]。

調査を実施した二〇一七年一二月は、当時七年目に入っていたシリア紛争の趨勢が決定づけられていった時期にあたる。同盟国のロシアとイランの支援を受けたアサド政権が次々に「失地」を回復していった時期であり、反体制派のみならず、ＩＳの敗勢が明白となっていた。ただし、調査は単発で実施されたため、市民の国家観の経年変化、言い換えれば、紛争強度（紛争の激しさの程度）と市民の国家観との相関を見ることはできない。ここで観察できるのは、アサド政権の「勝利」が事実上確定し

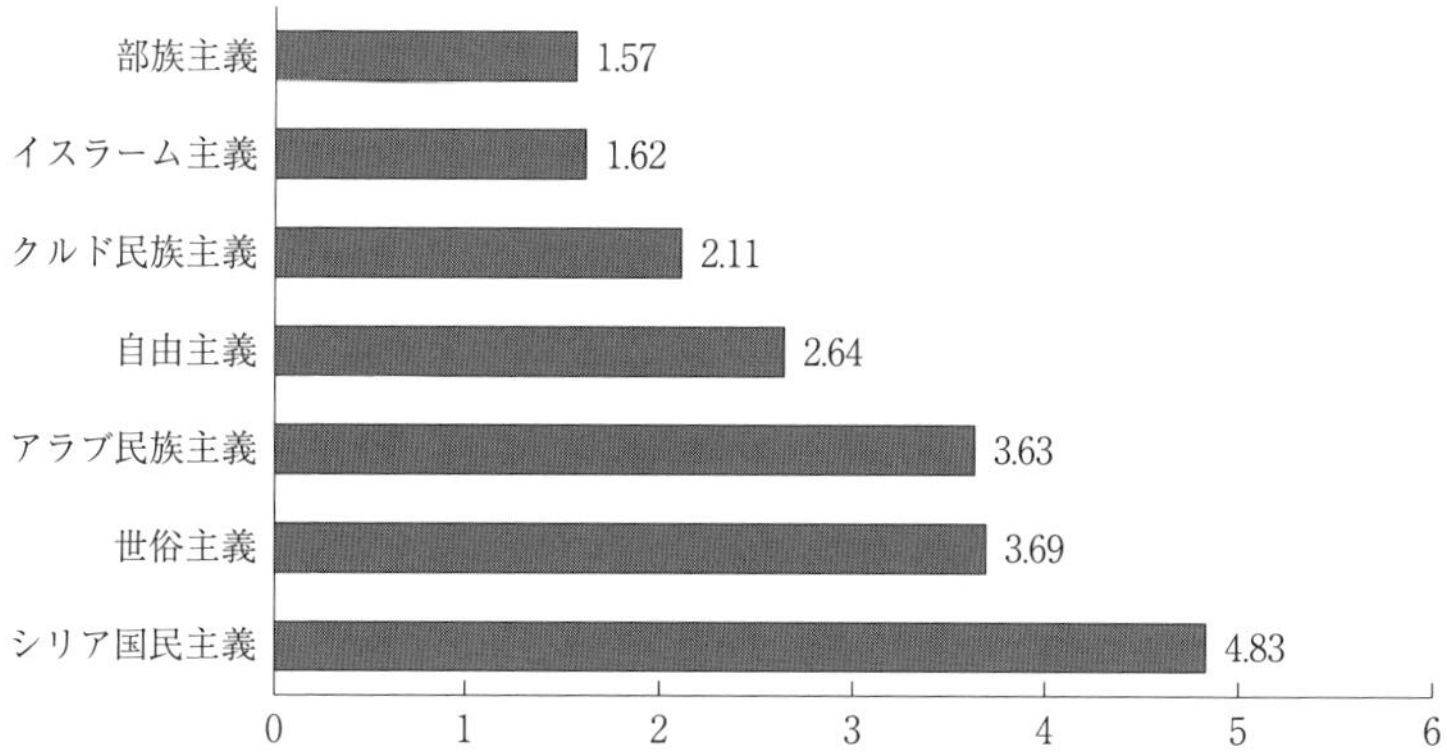

出所）筆者作成（以下同）.

図 1-1　支持するイデオロギー別の平均値

ていくなかで、市民が自らが暮らす土地での国家というものをどのように認識していたのか、という一つの現実である。

収斂を見せるシリア人の国家観？

では、シリアの市民は、どのような国家観を抱いていたのであろうか。まず、国家の「あるべき姿」をめぐる市民の認識を示す手がかりとして、イデオロギーに着目してみよう。

図1-1は、シリアで有力な七つのイデオロギー（アラブ民族主義、シリア国民主義、イスラーム主義、クルド民族主義、部族主義、世俗主義、自由主義）への支持の程度を五段階で尋ねた質問の回答の平均値である(2)。シリア国民主義、世俗主義、アラブ民族主義の三つの平均値の高さが顕著に見られるが、これは、アサド政権の母体であるバアス党の国家観に符合する。上述のように、バアス党は、世俗的なアラブ民族主義を究極的な目標と掲げる一方で、主権国家としてのシリアの存在をその実現のための「前

衛」と位置づけてきた。このことからは、シリアの市民の多くが抱いている国家観はアサド政権の理想としてきたそれと重なることが読み取れる。あるいは、アサド政権の「勝利」が確実視されるなかで、その国家観を消極的に受け入れる市民の姿を見て取ることができるのかもしれない。

しかし、ここで注目したいのは、むしろ、アサド政権の「勝利」が確実視された状況下にもかかわらず、他の国家観を抱く市民が存在していたことである。つまり、アサド政権の優勢によって紛争が収束していくなかでも、依然として国家観の拡散が見られたのである。

三　シリア人の国家観を規定するものは何か

国家観を構成するもの——因子分析の結果

では、シリア人の国家観の拡散を引き起こしているものは何であろうか。その要因を特定するために、世論調査の結果を用いた定量的分析を行う。

まず、各イデオロギーへの支持の程度をもとに、シリア人の国家観を構成するものの抽出を試みる。表1-1は、上述の七つのイデオロギーへの支持の程度に関する質問の回答から因子を抽出した結果である(3)。

第一因子は、イスラーム主義、クルド民族主義、部族主義の値が他よりも圧倒的に高く、いずれも現行の主権国家——あるいは「アラブ統一」のための「前衛」——としてのシリアを必ずしも前提としない政治共同体を想定するイデオロギーであることから、その共通性として「領域的現状変更」と呼ぶ。

第二因子は、世俗主義と自由主義の値が高いことから、政治と宗教の関係、とりわけ、宗教を私的なものと捉えることを是とする「世俗化」と呼ぶことにする。

第三因子は、アラブ民族主義の値の高さが目立つが、その後にはシリア国民主義が続いていく。それを「アラブ性」と名づけることとする。これは、アラビア語の「ウルーバ（ʻurūba）」、すなわち、アラビア語という言語とその文化的伝統に基づく「アラブ人であること」を指す概念に符合する。この「アラブ性」は、バアス党のアサド政権が掲げてきた国家観の重要な要素でもある。

表 1-1　因子分析の結果（パターン行列）

	1	2	3
イスラーム主義	0.79	−0.1	−0.033
クルド民族主義	0.605	0.152	0.035
部族主義	0.553	0.064	−0.065
自由主義	0.239	0.593	−0.088
世俗主義	−0.177	0.571	0.101
アラブ民族主義	0.139	−0.045	0.636
シリア国民主義	−0.157	0.013	0.279

これらをまとめると、シリア人の国家観は、「領域的現状変更」をどこまで容認するか（しないか）、「世俗化」をどの程度支持するか（しないか）、「アラブ性」にどの程度共感するか（しないか）、といった要素によって構成されていると解釈できる。

国家観を規定するもの――回帰分析の結果

表1-2は、上述の三つの因子を従属変数とした回帰分析の結果である。投入した独立変数は、次の三つの仮説にしたがい、調査の質問の回答から選び出した。

仮説一は、「部族や宗教といった伝統的紐帯への姿勢が国家観のあり方に影響を与える」である。中東では今日でも宗教者や部族長の人びとに与える影響力が強いことが、たびたび指摘されてきた（例えば Pierret 2013）。そこで、ここでは独立変数として、「あなたの個人的意見をまとめる際に、どの人物と組織をどの程度信頼しますか」という質問に対する回答結果を選んだ。人物と組織については、仮説一との結びつきが強いと思われる公的メディア、部族長、宗教者を選んだ。

仮説二は、「政府への信頼の程度が国家観のあり方に影響を与える」である。政府への評価が高い人ほど、それが掲げる国家観を受け入れやすくなると考えることができる。独立変数には、三年後の状況への期待の程度、現状への肯定の程度、現行の国民統合および国家建設への支持の程度、の四つを投入した。

仮説三は、「シリア紛争に介入している諸外国への姿勢が国家観のあり方に影響を与える」である。シリア紛争は、開始からまもなくアサド政権と反体制派のそれぞれを支援する諸外国が関与する「国際化した内戦」となった。そのため、どの国を支持するかの違いは、シリアにどのような国家が存在するべきなのかという国家観の違いに結びつくと考えられる。独立変数には、シリア紛争

の結果

アラブ性		
係数	標準誤差	sig.
0.039	0.02	*
0.025	0.02	
0.093	0.02	***
−0.089	0.026	***
0.172	0.022	***
−0.002	0.031	
0.011	0.03	
−0.034	0.017	**
−0.075	0.016	***
0.038	0.02	*
0.003	0.016	
0.018	0.014	
0.049	0.046	
0.036	0.023	
0.004	0.016	
0.041	0.014	***
−0.948	0.226	0.000
0.182		
932		

$^{**}p>0.05$,　$^{***}p>0.01$.

表 1-2　回帰分析

	領域的現状変更			世俗化		
	係数	標準誤差	sig.	係数	標準誤差	sig.
公的メディア	0.098	0.021	***	−0.023	0.02	
部族長	0.082	0.021	***	−0.001	0.02	
宗教者	0.126	0.021	***	−0.169	0.02	***
3 年後の状況改善	−0.163	0.027	***	0.126	0.026	***
アスタナ後の状況改善	0.056	0.023	**	−0.069	0.022	***
シリア人意識の強化	−0.061	0.032	*	0.064	0.03	**
現行国家の統合維持	−0.22	0.031	***	0.099	0.03	***
米国	−0.013	0.017		0.027	0.017	
ロシア	−0.099	0.016	***	0.05	0.016	***
サウジアラビア	0.042	0.021	**	−0.04	0.02	**
トルコ	0.036	0.017	**	−0.059	0.016	***
イラン	−0.022	0.014		0.028	0.014	**
性別	0.106	0.048	**	−0.093	0.046	**
年齢	−0.021	0.024		−0.027	0.023	
収入	0.007	0.017		−0.006	0.016	
最終学歴	0.002	0.014		0.006	0.014	
定数	1.096	0.234	0.000	−0.454	0.225	0.044
R2 乗	0.438			0.306		
N	932			932		

注）　*$p>0.1$,

に特に強く関与してきた米国、ロシア、サウジアラビア、トルコ、イランの各国への支持の程度を選んだ。

なお、統制変数として、性別、年齢、収入、学歴を投入した。

結果を見てみよう。まず、部族や宗教といった伝統的紐帯を重視する人ほど、領域的現状変更に肯定的な傾向が見て取れる。宗教者への距離が近い人は、世俗化に否定的ではあるが、アラブ性については肯定的である。つまり、宗教の重視は、主権国家としてのシリアの領域変更だけでなく、そこにおける宗教の役割とアラブ人としてのアイデンティティの強化を是とする国家観につながりやすいと考えられる。

次に、現行の政府への信頼が厚い人ほど、いわば保守的な傾向を見せている。三年後の状況は今よりも改善していると考える(期待する)人は、領域的現状変更に否定的である。また、統合国家の維持を支持する人は、当然ながら領域的現状変更に強く反対する傾向を持つ。世俗化に関しては、三年後の状況の改善、シリア人意識の強化、統合国家の維持のそれぞれを期待する人ほど親和的な傾向を持つ。これらのことからは、シリアの主権国家としての現状維持を是とする保守的な認識には、アサド政権の存続が含まれているものと見ることができる。

最後に、諸外国に対する認識である。サウジアラビアとトルコに対して肯定的な認識を持っている人ほど領域的現状変更を受け入れやすく、世俗化に否定的な姿勢を取りがちとなることがわかる。これは、シリア紛争における反体制派の主流派がイスラーム主義者である事実によるものと解釈できる。つまり、紛争への実質的な関与に踏み切った両国を高く評価するということは、それらが支援するイスラーム主義者の勢力拡大とその先にあるイスラーム的な国家や社会の建設への期待があるものと考えられる。

これとは反対に、アサド政権の同盟国であるロシアとイランへの評価が高い人ほど、領域的現状維持を支持しやすくなる。興味深いのは、ロシアだけではなく、イランを高く評価する人ほど、世俗化に肯定的な傾向を見せている点である。このことからは、アサド政権とイランとの同盟関係をシーア派という宗派の共通性で説明する「シーア派三日月地帯」、広くは「宗派対立」の議論が必ずしも現実を捉えていないことがわかる(酒井編著二〇一九)。シリア人たちは、両者の同盟関係を、シーア派という宗派のつながりによって現行の国家の再編や統合を目指すものでもなければ、その教義に基づく国家や社会の建設を目指すものでもなく(例えば Tomass 2016)、あくまでも世俗主義を掲げるアサド政権の存続という文脈で捉えているのである。

おわりに

本章では、二〇一七年末に実施した世論調査の結果から、紛争下シリアにおける市民の国家観の実態を見てきた。エリートの言説を主な分析対象としてきた従来の研究――定性的な手法――においては、「シリア=シャーム」における国家観の分極化の諸相が描かれてきた。このことは、現実の政治においても経験的に確認することができる。パレスチナ問題、クルド問題、レバノン内戦など、この地では実際に国境線の画定や国民の定義をめぐる戦いが繰り返されてきた。そのため、オスマン帝国の崩壊によって引き起こされた「シリア分割」は、今日まで続く「未完の物語」であると言える。これを、本章では「国家拡散」仮説と呼んだ。

二〇一一年に勃発したシリア紛争は、「国家拡散」の暴力的な発現であった。主権国家としてのシリアは、解体の危機に瀕し、今もなおトルコやイスラエルによる占領やクルド人の実効支配の拡大を受けて領域的な分裂状態にある。二〇一五年後半以降、アサド政権による軍事的・政治的「勝利」が確実なものとなっていくなかで、市民はシリアにおける国家のあり方をどのように捉えていたのか。

世論調査の結果が示したのは、次の二つの現実であった。

第一に、従来の研究が論じてきたほどには、国家観の拡散は見られなかった。すなわち、多くの市民が、アサド政権が推し進めてきた国家建設と国民統合に肯定的な態度を見せていた。このことからは、エリート、特にクルド民族主義やイスラーム主義の組織や団体が掲げてきたイデオロギーに基づく新たな国家観の訴求力が必ずしも高くない事実が浮かび上がった。むろん、世論調査を戦闘地域や国内外の避難民を対象に実施すれば、異なる結果が出る可能性はある。しかし、少なくとも今回の世論調査の結果においては、アサド政権の「勝利」を積極的ないしは消極的に受け入れようとする市民の姿が垣間見られた。

第二に、しかしながら、それでもなお、アサド政権の「勝利」を国家観の収斂と同一視・楽観視することはできない。今回の分析結果は、依然として、シリアの市民の間でアサド政権のそれとは異なる国家観が存在することも浮き彫りにした。特に、部族や宗教といった伝統的な紐帯を重視する人びとは、主権国家としてのシリアの領域や政教関係のあり方とは異なる国家観を抱く傾向がある。こうした拡散の程度は、数字上はそれほど大きくない。しかし、異なる国家観を抱く傾向は、反体制派を支援するサウジアラビアやトルコといった諸外国に好意的な姿勢との強い相関があり、それゆえに、「国際化した内戦」の状態にあるシリアにおいては、外部介入や暴力と結びつき、国家観の収斂を停滞させる可能性を孕むことになる。

アサド政権の「勝利」。それは、必ずしもシリアにおける国家観の収斂を約束するものではなく、今後の停戦、和解、国家再建、さらには民主化といった諸課題において、引き続き問題視され続けるものと思われる。逆に言えば、特定の国家観への収斂を強制することなく、エリートと非エリートがともにシリアという国家のあり方を議論できる場や機会を確保することが、紛争を真に終結へと導く鍵となるであろう。

注

（1）本調査の単純集計は、新学術領域研究「グローバル関係学」のウェブページ(http://www.shd.chiba-u.jp/glblcrss/online_papers/onlinepaper20190115_rr03.pdf)に公開されている。

（2）「あなたは以下のイデオロギーをどの程度支持しますか」という質問に対して、(一)非常に支持している、を五点、(二)支持している、を四点、(三)どちらとも言えない、を三点、(四)支持しない、を二点、(五)まったく支持しない、を一点とし、それぞれの平均値を算出した。(六)わからない、は欠損値として処理した。

（3）数値は因子負荷量で因子と質問項目の関係を示す。各因子の固有値は、それぞれ第一因子が2.120、第二因子が1.223、第三因子が1.089であった。因子抽出法は、主因子法、回転法はプロマックス法(四回の反復で収束)を採用した。

参考文献

青山弘之(二〇一七)『シリア情勢——終わらない人道危機』岩波新書
青山弘之・末近浩太(二〇〇九)『現代シリア・レバノンの政治構造 アジア経済研究所叢書5』岩波書店
遠藤貢(二〇一五)『崩壊国家と国際安全保障——ソマリアにみる新たな国家像の誕生』有斐閣
酒井啓子編著(二〇一九)『現代中東の宗派問題——政治対立の「宗派化」と「新冷戦」(シリーズ転換期の国際政治10)』晃洋書房
末近浩太(二〇〇五a)「シリアの外交戦略と対米関係——対レバノン、対イスラエル政策とイスラーム運動の動向を

中心に」『国際政治（特集　国際政治のなかの中東）』第一四一号
末近浩太（二〇〇五ｂ）『現代シリアの国家変容とイスラーム』ナカニシヤ出版
末近浩太（二〇一八）「「ＩＳ後」のシリア紛争――輻輳する三つの「テロとの戦い」（焦点：中東の新たな課題）」『国際問題』第六七一号
ムバイヤド、サーミー（二〇一六）『イスラーム国の黒旗のもとに――新たなるジハード主義の展開と深層』高尾賢一郎・福永浩一訳、青土社

Benstead, Lindsay J.（2018）"Survey Research in the Arab World: Challenges and Opportunities," *PS: Political Science and Politics*, 51(3).
Gelvin, James L.（1998）*Divided Loyalties: Nationalism and Mass Politics in Syria at the Close of Empire*, University of California Press.
Hagmann, Tobias and Markus V. Hoehne（2009）"Failures of the State Failure Debate: Evidence from the Somali Territories," *Journal of International Development*, 21(1).
Hinnebusch, Raymond（2015）*The International Politics of the Middle East*, Second edition. Manchester University Press.
Jörum, Emma Lundgren（2014）*Beyond Syria's Borders: A History of Territorial Dispute in the Middle East*, I. B. Tauris.
Phillips, Christopher（2016）*The Battle for Syria: International Rivalry in the New Middle East*, Yale University Press.
Pierret, Thomas（2013）*Religion and State in Syria: The Sunni Ulama from Coup to Revolution*, Cambridge University Press.
Suechika, Kota（2011）"Arab Nationalism Twisted?: The Syrian Ba'th Regime's Strategies for Nation/State-build-

ing," in Yusuke Murakami, Hiroyuki Yamamoto, and Hiromi Komori eds., *Enduring States: In the Face of Challenges from Within and Without*, Kyoto University Press.

Tomass, Mark (2016) *The Religious Roots of the Syrian Conflict: The Remaking of the Fertile Crescent*, Palgrave Macmillan.

第2章 イエメン内戦における国家観の不在
――ホーシー派支持者の意識と傾向――

松本 弘

はじめに

本章の目的は、グローバル関係学のアプローチによって、イエメン内戦への考察を試みることにある。イエメン内戦は、国際・地域・国家・地方の各レベルのさまざまな変化が重なり、相互に関係性を持つことによって生じており、グローバル関係学のアプローチに適した対象事例であると言える。表2-1は、このアプローチを用いて解説する、各レベルの変化を列挙したものである（紙数の制約により、解説は必要最小限のものとなるので、詳細は参考文献にある各資料を参照願いたい）。

しかし、イエメン内戦の理解を困難にしている最大の要因は、実はこれら諸変化の内容や関係性ではなく、内戦の主体の双方が、自身の政治目的を明示していないことにある。これは、本巻のテーマである国家観に直接かかわる問題である。本来、主体が掲げるべき内戦の目的が明らかでないことは、国家観の不在とも言うべき状況であり、本章の議論にも大きな障害となる。その一方で、内戦の主体

表 2-1　イエメン内戦にかかわる4つのレベルにおける変化

レベル	変　化
国際レベル	冷戦崩壊，国家統合，民主化，構造調整
地域レベル	サウジアラビア，イラン，アラブ首長国連邦，湾岸戦争，アラブの春，アラブ有志連合
国家レベル	サーレハ，ハーディー，政党，94年内戦，2011年政変
地方レベル	ハーシド・バキール，ホーシー派，南部運動，イスラーム過激派

出所）筆者作成．

と各政党の支持者たちの地域的分布や、内戦直前の政治状況に対する彼らの評価を確認する手段がある。それは、世論調査である。

米プリンストン大学などが参加する「アラブ・バロメーター（Arab Barometer）」という研究ネットワークが、アラブ諸国を対象に定期的な世論調査を行っており、イエメンでは内戦前の二〇一三年と内戦中の二〇一八年に調査を実施している。本章ではこの世論調査によって、内戦の主体の支持者たちの政治意識を主要政党との比較を通して確認し、それをイエメン内戦にかかわる考察に援用することとした。

一　ホーシー派の展開

二〇一五年から始まった今次内戦の主体は、当初ホーシー派（フーシー派 al-Ḥūthiyyūn）とハーディー政権であったが、二〇一八年以降はハーディー政権に代わり、実際には南部運動（al-Ḥirāk al-Junūbī）が一方の主体を担っている。それゆえ、ここからホーシー派と南部運動の解説を行う。

ホーシー派は、イエメンにおけるザイド派（シーア派の一派）の復興運動から始まった。イエメン・ザイド派の信徒は、旧北イエメン（後述）北部山岳地帯に居住するハーシド部族連合とバキール部族連合に属する部族民た

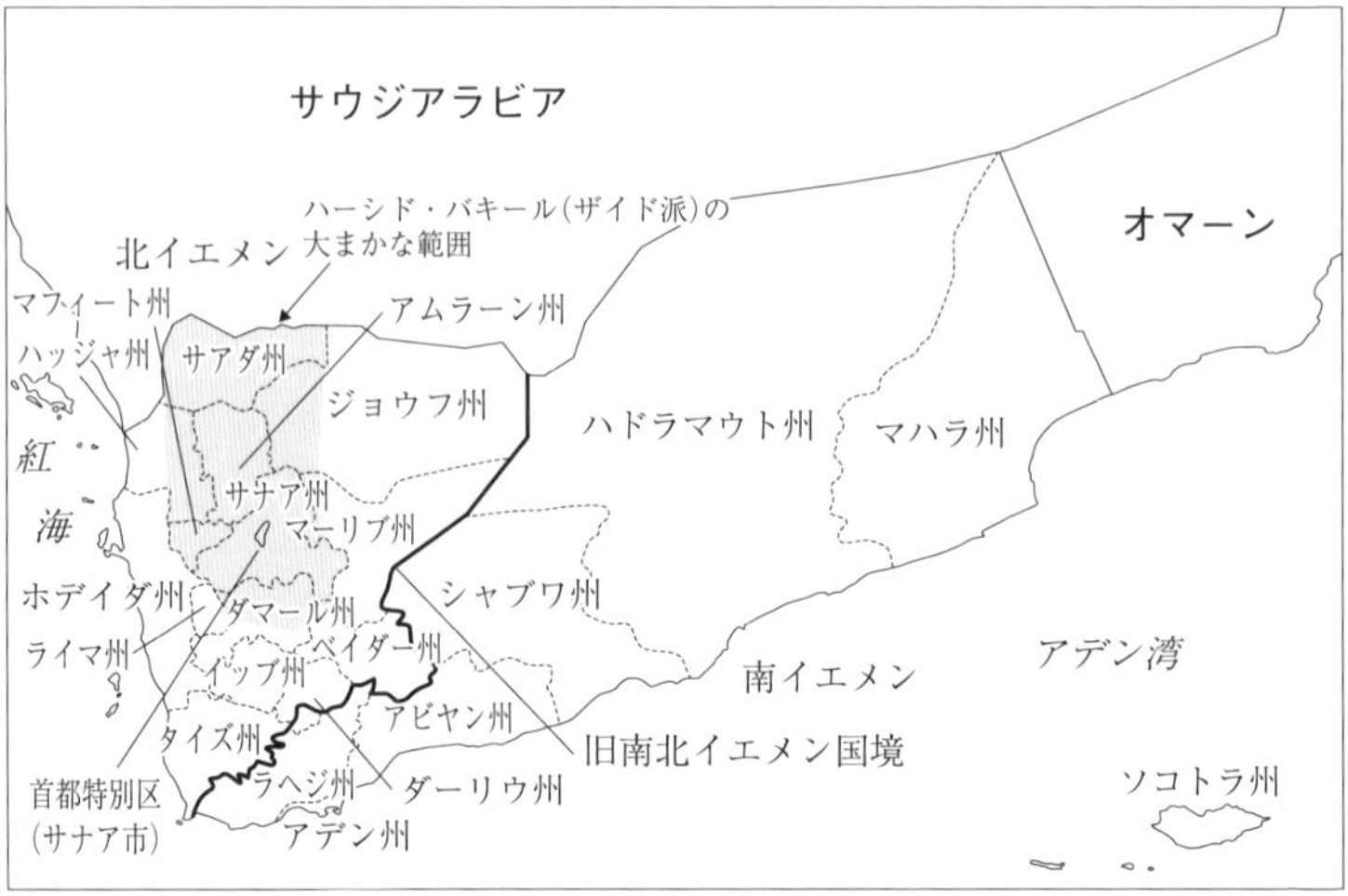

出所）筆者作成.

図 2-1　イエメンの州とハーシド・バキールの大まかな範囲

ちのみである（以下、ハーシド・バキール）。イエメンは、全土で部族社会の伝統が根強いが、なかでもハーシド・バキールは天然の要害に盤踞し、特に強い部族的紐帯と民兵力を誇る。このため、彼らは最大最強の圧力団体とも呼ぶべき存在であり、大きな政治的影響力を有する。ハーシド部族連合長を務めたアブドッラー・アハマルは、大統領をしのぐイエメン政界の最有力者であった。

ハーシド・バキール以外の国民は、旧南イエメン（後述）を含めてスンナ派の信徒であり、旧北イエメンの南部にはムスリム同胞団のメンバーや支持者たちもいる。人口は二八五〇万人（世界銀行二〇一八年推定）で、ハーシド・バキールがおよそ八〇〇万人、旧北イエメンのスンナ派住民がおよそ一五五〇万人、旧南イエメンがおよそ五〇〇万人といった分布となっている（図2-1参照）。

このハーシド・バキールの地域で、一九八〇年代からサウジアラビアが、自国で国教的位置づけを行う厳格なワッハーブ派の宣教活動を開始する。これをザイド派存亡の危機と捉えたのが、サイイド(預言者ムハンマドの子孫)の家系のひとつであるホーシー家の家長、バドルッディーン・ホーシーであった。バドルッディーンは一九九〇年代前半に「信仰する若者(al-Shabbāb al-Muʾmin)」という団体を北部のサアダ州に作り、サマーキャンプなどでザイド派の教育活動を始めるとともに、ハック党という新党も立ち上げた。彼の長男フサインは、サウジアラビアを非難する演説活動を続けたが、二〇〇三年のイラク戦争以降、その内容は反米の傾向を強く帯び、ハーシド・バキールの青年層から熱狂的な支持を受けるようになる。

当時、「テロとの戦い」にかかわる対米関係に苦慮していたサーレハ大統領は、過激な反米演説を抑えるため、二〇〇四年にフサインの拘束を命じた。しかし、拘束に向かった治安部隊とフサイン支持者の部族民との銃撃戦が生じ、その後も断続的に大規模な武力衝突が続いた。フサインの支持者たちはホーシー派と呼ばれ、銃撃戦でフサインが死亡した後は、弟のアブドルマリクらが指導を引き継いだ。ホーシー派は二〇〇五年からイランの支援を受け、政府は彼らをイランのような「ウラマーによる政治」を目指すものとしたが、ホーシー派は政府からの攻撃に反撃しているだけとし、政府の腐敗を非難する以外に、政治的な主張をしなかった。彼らは長く自称すら持たず、二〇一〇年にアンサール・アッラー(al-Anṣār Allāh. 神の支援者)と名乗った。

二〇一一年「アラブの春」のなかで、イエメンも大きな政治変動に見舞われた。大規模な反政府デモが生じ、サウジアラビアが主導する湾岸協力会議(GCC)の調停により、サーレハ大統領は辞任した。この調停で、与党の国民全体会議（GPC。党首はサーレハ）と野党のイエメン改革党（略称イスラーハ）やイエメン社会党（YSP）などによる挙国一致内閣が成立し、翌年に副大統領であったハーディーが大統領に就任して、国家再建のための移行プロセスが始まった（二〇一一年政変）。

政変時、政府は地方の支配を失い、それに乗じてホーシー派はサアダ州、ハッジャ州、ジョウフ州の三州を掌握した。移行プロセスのなかで、彼らが支配する三州を分断する連邦制の導入（Brandt 2017: 341, 松本二〇一九：二一三）が決まると、二〇一四年二月にホーシー派は南下を始め、九月に首都サナアに入城した。サナア掌握後、ホーシー派はハーディー大統領に経済政策や選挙の実施などを求めたが、政府の対応は鈍かった。二〇一五年一月、ホーシー派はハーディー大統領を拘束し、革命委員会を設けて二年間の暫定統治を宣言した。ハーディーがアデンに逃亡すると、ホーシー派は三月にサーレハ支持の軍部隊とサナアから南下を始め、ハーディー政権支持の軍部隊や南部の部族民兵などとの内戦が勃発した。サウジアラビアは計一〇カ国のアラブ有志連合を結成し、軍事介入によりハーディー政権を支援。ホーシー派もまた、サウジアラビアへの直接攻撃を開始した。

内戦の直接的な原因は、ハーディー大統領の無策にある。GCC諸国の援助増加にもかかわらず、国民経済は極度に悪化し、憲法案作成も選挙準備も進まなかった。しかし、ハーディーの排除は、サウジアラビアの意向に反することになる。そのような袋小路のなか発生したホーシー派のクーデタに、サーレハ前大統領とGPCが便乗した。ハーディー排除のためのホーシー派利用が、ホーシー派を忌避するサウジアラビアの軍事介入を招いたのであり、その責任はサーレハの誤算に求められよう。

ホーシー派は革命委員会を組織しながら、行政は既存の議員や官僚らに委ね、また二〇一六年にサーレハ支持のGPCメンバーらと革命委員会に代わる最高政治評議会を組織した後も、依然として政治的な目標を掲げなかった。二〇一七年一二月、サーレハはGPCの党大会でサウジアラビアとの和平に言及した。しかし、サウジアラビアとの対決姿勢を堅持するホーシー派は、その二日後にサーレハの車列を襲撃し、サーレハは殺害された。

二　南部運動の展開

南部運動の起源は、一九九六年から開始された国際通貨基金（IMF）・世界銀行（世銀）の構造調整によるリストラに対する抗議運動にある。一九九〇年五月、冷戦崩壊を背景としてイエメン・アラブ共和国（北イエメン）とイエメン民主主義人民共和国（南イエメン）は統合を発表し、現在のイエメン共和国が成立した。統一に際し、北イエメンの大政翼賛組織であったGPCと南イエメンの単独支配政党であったYSPとの二党連立内閣が形成されるとともに、普通選挙と複数政党制の導入による民主化が始まった。これにより、多くの新党が結成された。なかでも、ハーシド・バキールとムスリム同胞団の勢力が連合し、アブドッラー・アハマルを党首としたイスラーハは、一九九三年の第一回総選挙において第二党となる躍進を見せた（GPCは第一党ながら過半数に届かず、YSPは第三党）。

サーレハ大統領（旧北イエメン大統領）は、上位三党による連立を選択したが、共産主義のYSPと保守的なイスラーム政党であるイスラーハとの対立は、政府内で先鋭化した。一九九四年五月、YSP幹部はアデンで再分離独立を宣言し、統一維持のサーレハ政権との内戦が始まった（九四年内戦）。内戦自体は七月にサーレハ政権の勝利に終わったが、これによりイエメン経済は破綻寸前の危機的状態に陥った。これに先立つ一九九一年の湾岸戦争に際しても、イエメンはイラク寄りの外交姿勢を示したことにより、サウジアラビアから出稼ぎイエメン人の追放や経済援助の停止といった報復を受け、その経済は深刻な打撃を受けていた。九四年内戦時には、サウジアラビアは旧南イエメンの独立を容認する外交姿勢をとっている。

一九九五年、政府はIMF世銀と構造調整受け入れのための協議を開始し、翌九六年からイエメンの構造調整が開始された。構造調整によりイエメン経済は再建され、GPCは一九九七年および二〇〇三年の総選挙で勝利して、単独政権を獲得、維持した。しかし、構造調整は、補助金や公務員の削減など国民への「痛み」を伴うものだった。なかでも、内戦で敗れた旧南イエメンは、より多くの軍人・公務員のリストラに見舞われた。二〇〇七年五月以降、アデンでリストラされた軍人、公務員のデモが続き、翌二〇〇八年に平和的な旧南イエメンの再分離独立を目指す南部運動が結成された。

南部運動は、デモのなかで形成されたさまざまな集団の総称に過ぎず、まとまった組織ではなかった。しかし、旧南北間の格差が二〇一一年政変の大きな要因のひとつと認識され、南部運動は移行プロセスにより設置された包括的国民対話会議（新憲法案の方針を決定するもの。各政党やホーシー派、各地方、女性などの代表が参加）に代表を派遣した。南部運動は、改編される州に大きな自治権を与える連邦制の導入を主導したが、これにはサーレハとホーシー派が強く反対した。

二〇一四年一月、連邦制の導入を含めた新憲法の方針が採択された。しかし、二月にホーシー派は既述したように南下を開始し、翌一五年からの内戦において、南部運動はイスラーハやYSPとともに、アデンに拠るハーディー政権に合流した。サウジアラビアはハーディー政権を支援したが、有志連合に参加したアラブ首長国連邦（UAE）は、南部運動を背景とする武装組織の結成を支援した。アデン州、ラヘジ州、アビヤン州の防衛を目的とするセキュリティ・ベルト（略称ヒザーム）や、アデンで二〇一七年に設立された南部移行評議会（STC）が、その代表的な例である。

ヒザームとSTCは二〇一八年一月と二〇一九年八月に、アデンにおいてハーディー政権の軍部隊と武力衝突し、市街やハーディー政権の主要施設を占拠している。その後に占拠は解くものの、二〇一八年以降、内戦の実質的な主体は、ハーディー政権からSTCやヒザームを中心とする南部運動に移った。二〇一九年一一月、サウジアラビアの仲介により、リヤドにおいてハーディー政権とSTCが和解し、統一維持のハーディー政権と旧南イエメン独立を目指す南部運動の同盟は、かろうじて維持された。しかし、二〇二〇年四月、STCはアデン州と旧南イエメン各州の自治を宣言し、これを拒否するハーディー政権およびサウジアラビアとの対決姿勢に転じた。

三　内戦の複合要因と変化の「錯綜点」

イエメン内戦の構造的な要因は、冒頭で述べたようにさまざまな変化が結びつくことによって形成された。内戦に向かうそれら変化の連動には、複数の変化が集まり、またそこから複数の新たな変化が生じる、いわば「錯綜点」と呼べるものがある（本シリーズ第一巻第2章参照）。それは構造調整、サウジアラビア、二〇一一年政変の三点である。

第一の構造調整が南部運動の形成につながる過程はすでに述べたが、実はホーシー派の拡大にも、構造調整は大きくかかわっている。湾岸戦争と九四年内戦により、国全体の経済が悪化し、政府もハーシド・バキールも疲弊した。しかし、構造調整の受け入れによって政府のみが先に立ち直った。サーレハ大統領はこの機を逃さず、ハーシド・バキールの部族長クラスへの利益供与により、彼らの政治的影響力を骨抜きにしていく。

構造調整の莫大な資金により、国営企業の民営化や建設、携帯電話などにかかわる起業が相次いだ。サーレハは、自らの親族や退役軍人のみならず部族長やその親族にも、それらの権益や便宜を供与し、政権基盤の強化を図った。これにより、部族長とその親族はサナアをはじめとする都市部に移り、不在地主化した。地元の部族社会では、部族長が担っていた統率や調停などの機能が失われ、青年層は自らの利益に奔走する部族長らに反感を抱き始める(松本二〇一二：七一－七八)。

部族長の籠絡と部族的連帯の喪失は、イエメン最強の圧力団体であったハーシド・バキールを、わずか一〇年ほどで政府の風下に立たせた。構造調整を利用したハーシド・バキールの政治的影響力減退は、サーレハへの権力集中であるとともに、イエメン政治の正常化でもあった。しかし、部族長や年長者に不満を抱き、ハーシド・バキールに幻滅した若い部族民たちは、ホーシー家のザイド派復興運動という新しい動きとアイデンティティに向かう。サーレハ政権支持層であった部族長たちは、サーレハの意を受けて、ホーシー派に参加した部族民に離脱するよう命じたが、従う者は誰もいなかった。ホーシー派は、ハーシド・バキールの若い部族民たちの不満の受け皿であったのである。

第二の点であるサウジアラビアは、実に多くの場面に登場する。ザイド派地域でのワッハーブ派宣教は、ホーシー派成立の直接的な原因であった。湾岸戦争ではイエメン経済に深刻な打撃を与え、九四年内戦を経て、イエメンは構造調整を受け入れた。二〇一一年政変の調停では、サーレハを辞任させ、ハーディー政権を成立させた。しかし、そのハーディーの無策がホーシー派の南下を招くことになる。内戦勃発後は、アラブ有志連合を組織し、ハーディー政権支援のための軍事介入を続けている。

最後に、第三の点である二〇一一年政変は、既述したサーレハの辞任やホーシー派の拡大のみならず、本章では割愛したイスラーム過激派の勢力圏確立や、サーレハの親族である軍幹部の更迭による軍の弱体化など、大きな変化をイエメンにもたらした。なかでも、ホーシー派の勢力拡大は、のちの彼らによるクーデタの前提となった。国家再建のための移行プロセスは遅々として進まず、対サウジ関係からハーディーの是非にかかわる議論すらできないまま、ホーシー派によるクーデタで崩壊した。

イエメン内戦への過程を、変化の関係性という視点から以上のように整理すれば、内戦は国際レベルの構造調整、地域レベルの域内大国サウジアラビアの関与、国家レベルの二〇一一年政変が、地方レベルでのハーシド・バキールの政治的影響力減退と世代間対立および旧南イエメンへの冷遇に連結されていった結果、生じたものと評価できよう。

四　ホーシー派支持者の政治意識

主要三党および内戦の主体の支持者

イエメンを対象とした世論調査は複数あるが、本章の考察に最も有用なものとして、アラブ・バロメーター（以下、ＡＢ）を選んだ。ＡＢはこれまで四回にわたり、イエメンで世論調査を実施しているが、支持政党について質問しているのは、二〇一三年と二〇一八年のみであり、政治状況について具体的な質問をしているのは、二〇一三年のみである（ＵＲＬ①、Arab Barometer: Wave 3（二〇一三年）、Wave 5（二〇一八年））。それゆえ、まず二〇一三年と二〇一八年の調査における主要政党と内戦の主体の支持者の地域的分布を確認し、その後に二〇一三年の政治状況に対する彼らの意識を政党・主体別に比較してみたい。二〇一三年の調査は、サンプル数が一二〇〇で、一一月二日から一二月四日に実施された。包括的国民対話会議が新憲法の方針を採択し、ホーシー派がサアダ州から南下を始める二カ月ほど前である。二〇一八年の調査は、サンプル数が倍の二四〇〇で、一一月三日から一五日に実施された。紅海の海岸平野を進撃していたＳＴＣなどの部隊が、五月にイエメン最大の港湾都市ホデイダ市に達したが陥落せず、一二月に国連の仲介でホデイダ州での停戦に合意した時期に当たる。

表２-２と表２-３は、ＧＰＣ、イスラーハ、ＹＳＰの主要三党およびホーシー派、南部運動の支持者の割合と実数を地域別に分類し

何ですか」(Q503, 記述式)

%, (　)内は人数

YSP	ホーシー派	南部運動
7.4(89)	5.0(60)	0.7(8)
5.6(55)	6.0(59)	−(0)
2.0 (4)	19.5(41)	−(0)
3.2 (9)	3.2 (9)	−(0)
8.6(42)	1.8 (9)	−(0)
15.5(34)	0.5 (1)	3.6(8)

ハック党(12), 信仰する若者(1)の合計.

でリストにない場合に記述)

%, (　)内は人数

YSP	ホーシー派	南部運動
7.0(169)	11.9(285)	3.6(86)
6.6(128)	14.6(285)	1.3(26)
3.3 (15)	24.2(109)	0.2 (1)
1.9 (10)	22.8(121)	0.5 (3)
10.6(103)	5.7 (55)	2.3(22)
9.1 (41)	− (0)	13.3(60)
4.2 (62)	19.0(281)	0.3 (4)
11.6(107)	0.4 (4)	8.9(82)

出所） AB: Wave 5のデータより筆者作成.

表 2-2　2013 年「あなたの政治的，社会的，経済的希望に最も近い政党は

	支持政党なし	GPC	イスラーハ
全体(1200)	44.9(539)	15.6(187)	18.6(223)
旧北イエメン(980)	41.5(407)	17.8(174)	21.1(207)
ハーシド・バキール地域(210)	31.0 (65)	21.0 (44)	21.0 (44)
混住地域(280)	34.6 (97)	26.1 (73)	23.6 (66)
スンナ派地域(490)	50.0(245)	11.6 (57)	19.8 (97)
旧南イエメン(220)	60.0(132)	5.9 (13)	7.3 (16)

注）ホーシー派はアンサール・アッラー(47)，
出所）AB：Wave 3 のデータより筆者作成．

表 2-3　2018 年「あなたが最も近いと感じる政党は何ですか」(Q503a，選択式

	支持政党なし	GPC	イスラーハ
全体(2400)	39.0(937)	19.0(456)	9.1(218)
旧北イエメン(1950)	36.8(718)	20.6(401)	8.8(172)
ハーシド・バキール地域(450)	25.6(115)	22.7(102)	9.1 (41)
混住地域(530)	34.5(183)	21.3(113)	10.0 (53)
スンナ派地域(970)	43.3(420)	19.2(186)	8.0 (78)
旧南イエメン(450)	48.7(219)	12.2 (55)	10.2 (46)
ホーシー派地域(1480)	38.0(562)	19.7(291)	8.3(123)
政府地域(920)	40.8(375)	17.9(165)	10.3 (95)

たものである（主要三党以外の諸派、「わからない」、回答拒否を除く）。両表にある地域は、筆者がデータにある州別の数値から集計したものであり、表2-3にあるホーシー派地域と政府地域はABによる分類である。筆者作成の地域は、まず旧北イエメンと旧南イエメン（アデン州、アビヤン州、ラヘジ州、シャブワ州、ハドラマウト州、マハラ州。推定人口五〇〇万人）に分け、旧北イエメンをさらに、ハーシド・バキールが多数を占める地域（サアダ州、ジョウフ州、マフィート州、アムラー

ン州、サナア州。推定人口五〇〇万人)、ハーシド・バキールと旧北イエメンのスンナ派住民が混住する地域(ハッジャ州、首都サナア市、ダマール州。推定人口六五〇万人)、旧北イエメンのスンナ派住民が多数を占める地域(ライマ州、ホデイダ州、マーリブ州、ベイダー州、イッブ州、タイズ州、ダーリウ州。推定人口一二〇〇万人)、に分けている。(1)

表2-3の政府地域はハーディー政権および南部運動の勢力圏を意味し、そこでの回答者は旧南イエメン六州とダーリウ州、マーリブ州、ジョウフ州の全員およびベイダー州の七〇人中二〇人、ホデイダ州の二四〇人中六〇人、タイズ州の二六〇人中二二〇人であり、ホーシー派地域の回答者は、これ以外のすべてである。

両表を比較してみると、イスラーハの支持率が二〇一八年に半減し、逆にホーシー派は倍増していることがわかる。(2) 二〇一一年政変において、イスラーハは反政府デモの一翼を担い、逆にGPCがデモ弾圧や内部分裂などの失策を重ねたことから、二〇一三年の時点ではGPCへの支持がイスラーハに移っていたとも考えられる。ちなみに、二〇一四年二月に行われた別の世論調査では、「明日、総選挙があるとしたら、あなたはどの政党に投票しますか」という質問に対し、GPCという回答が全体で三三・六%、イスラーハが九・三%、YSPが三・四%となっている(URL②、World Values Survey: Wave 6(二〇一四年)(3))。

ホーシー派支持率の倍増については、権力の掌握やサウジアラビアへの反撃、南北統一の維持などに対する評価があろう。しかし、イスラーハはもともと、ハーシド・バキールとムスリム同胞団の双方を支持基盤としていた。にもかかわらず、二〇一三年のハーシド・バキール地域でイスラーハとホーシー派の支持率が拮抗していること、さらに二〇一八年のハーシド・バキール地域および混住地域において、ホーシー派がイスラーハの倍以上の支持を集めていることは、注目に値する。ホーシー派拡大の背景にあったハーシド・バキール内の世代間対立が、ホーシー派の権力掌握以降、イスラーハからホーシー派への支持の移動をより促進したものとも考えられる。

一方、南部運動の支持者は二〇一三年でわずか八人であり、二〇一八年に八六人まで増えるものの、支持率は政府地域で約九%、旧南イエメンに限っても一三%ほどしかない。分離独立が、果たして旧南イエメン全体でどれほど望まれているものなのか、疑問となるような数字と言えよう。

逆に、二〇一八年のGPC支持率は、ハーシド・バキール地域と混住地域でホーシー派と拮抗し、旧南イエメンでは南部運動と拮抗している。そして、人口の四二%を占めるスンナ派地域ではホーシー派の三倍、イスラーハやYSPの倍の支持を得ている。

政治状況への評価

表2-4と表2-5は、二〇一三年における移行プロセスと、GCCによる調停および包括的国民対話会議にかかわる、ハーディー政権への主要三党および内戦の主体の支持者の評価である(「政府の責任ではない」、「わからない」を除く)。ただし、南部運動の支持者が八人しかいないため、南部運動は参考のために表に掲載するのみとし、ここでの議論はホーシー派の支持者について行いたい。ホーシー派支持者も六〇人と多くはないが、他に例を見ない稀有な資料であるので、この世論調査の結果から考察を進めることとする。

表 2-4 2013 年「あなたは，民主的移行プロセスに関する現在の政府の実績をどのように評価しますか」(Q204-12)

%，( )内は人数

	とても良い	良い	悪い	とても悪い
全体(1200)	9.3(112)	32.3(388)	26.8(322)	18.6(223)
支持政党なし(539)	7.4 (40)	29.9(161)	28.9(156)	18.9(102)
GPC(187)	2.7 (5)	23.0 (43)	29.9 (56)	27.3 (51)
イスラーハ(223)	17.0 (38)	48.9(109)	14.3 (32)	9.0 (20)
YSP(89)	18.0 (16)	32.6 (29)	28.1 (25)	15.7 (14)
ホーシー派(60)	3.3 (2)	11.7 (7)	33.3 (20)	36.7 (22)
南部運動(8)	— (0)	— (0)	37.5 (3)	50.0 (4)

表 2-5 2013 年「あなたは，国民対話および GCC の調停に関する現在の政府の実績をどのように評価しますか」(Q204-16)

%，( )内は人数

	とても良い	良い	悪い	とても悪い
全体(1200)	21.3(256)	37.3(448)	18.3(220)	13.0(156)
支持政党なし(539)	19.5(105)	39.0(210)	18.7(101)	12.1 (65)
GPC(187)	12.3 (23)	28.9 (54)	22.5 (42)	23.0 (43)
イスラーハ(223)	35.4 (79)	43.9 (98)	7.6 (17)	4.0 (9)
YSP(89)	25.8 (23)	40.4 (36)	20.2 (18)	6.7 (6)
ホーシー派(60)	8.3 (5)	11.7 (7)	35.0 (21)	30.0 (18)
南部運動(8)	— (0)	12.5 (1)	37.5 (3)	50.0 (4)

表 2-4，表 2-5 出所） AB: Wave 3 のデータより筆者作成.

ハーディー政権の内閣はGPCと、イスラーハおよびYSPを中心とする野党が、半数ずつの閣僚を出す挙国一致内閣であった（首相は野党から指名）。総与党状態であるので、主要三党の支持者からの評価は比較的高いはずなのだが、結果はそうなっていない。

表2-4の「とても良い」と「良い」の合計は、イスラーハ支持者で約六六%、YSP支持者で約五一%と予想通りだが、GPC支持者は約二六%にとどまっている。逆に、GPC支持者の「悪い」と「とても悪

い」の合計は約五七％あり、これはホーシー派支持者の七〇％に次いで高い。表2-5でも、「とても良い」と「良い」の合計は、イスラーハ支持者で約七九％、YSP支持者で約六六％に達しているのに対し、GPC支持者では約四一％にとどまる。GPC支持者の「悪い」と「とても悪い」の合計は約四六％であり、ホーシー派支持者の六五％には及ばないものの、低い評価を与えているという点では、似通っている。

両表ともに、国家再建にかかわる二〇一三年時点での政府の働きに対して、イスラーハとYSPの支持者は高い評価を示し、GPCとホーシー派の支持者は低い評価を示している。ホーシー派がサーレハおよびGPCとの共闘関係に入るのは、二〇一五年のクーデタ以降であるから、二〇一三年の時点では、GPCはホーシー派にとって長年戦ってきた敵対勢力のはずである。一方、イスラーハとYSPは二〇一一年政変でサーレハの辞任を求め、GPCと対立した野党勢力の中心であった。敵味方の関係からすれば、ホーシー派支持者はイスラーハやYSPの支持者と同じ傾向を示す方が自然と思われるが、調査結果はその逆となっている。

両表とは別に、「あなたは、政党合同会議とそのパートナーを、どの程度信頼していますか」(Q201-15)と「あなたは、GPCとそのパートナーを、どの程度信頼していますか」(Q201-16)という質問がある。政党合同会議とは、イスラーハやYSPを中心とする野党の連絡協議会であり、これに対するホーシー派支持者の「ほぼ信頼していない」と「まったく信頼していない」の合計は八五％に及ぶ。一方、ホーシー派支持者がGPCに対して示した「ほぼ信頼していない」と「まったく信頼していない」の合計は約四八％で、「半ば信頼している」の五〇％と拮抗している。ホーシー派の支持者は、イスラーハとYSPに強い反感を示しているが、GPCへの信頼は相半ばしている。

おわりに

ホーシー派は、成立から現在にいたるまで、その国家観を明確には示していない。彼らの行動はワッハーブ派の宣教、政府の攻撃、連邦制の導入に対する反発や反撃であり、常に受動的なものであった。そのなかでのイランの支援や北部三州の掌握、サナア入城、ハーディー拘束によるクーデタは、いわば成り行きの産物であり、内戦への発展も彼らの判断であるよりは、サーレハとGPCによるクーデタへの便乗がもたらしたものと考える方が現実的である。

内戦のもう一方の主体である南部運動は、より複雑な立場や状況に陥っている。南部運動が求める旧南イエメンの分離独立は、他の内戦事例にも見られる目的であり、いわば既存の国家観に基づくものと理解できる。確かに成立時の目標はそうなのだが、二〇一一年政変後の移行プロセスのなかで、南部運動は強い自治権を有する連邦制の導入を求め、独立を封印した。内戦が始まった時、旧南イエメンの独立と内戦を関連づける者は、誰もいなかった。

内戦発生時に、南部運動やイスラーハ、YSPがハーディー政権に合流したのは、ホーシー派の支配を忌避したためであった。その意味で、彼らの行動もまた受動的であったと言える。内戦により、連邦制導入を含む移行プロセスが崩壊する一方、UAEがサウジアラビアと一線を画し、ハーディー政権ではなく南部運動にかかわる武装組織を支援した。このことが、南部運動を当初の目的である分離独立に立ち戻らせた。しかし、それはサウジアラビアおよびハーディー政権との間に、深刻な軋轢を生じさせ、アデンでの武力衝突を引き起こす。二〇二〇年の自治宣言により、統一維持のハーディー政権との対立は決定的となったが、それでもなお、内戦の目的が独立にあるとは明言していない。

ホーシー派が明確な目的や国家観を持たぬまま、内戦の主体となっていることを、この事例の特殊性として確認するとしても、その政治的な立場や傾向を把握しない限り、イエメン内戦の理解や今後の展開にかかわる議論は不可能であろう。本章では、その立場・傾向を可視化するための数少ない手がかりのひとつとして、世論調査を用いた。

ホーシー派の支持者はハーディー政権を評価せず、イスラーハとYSPを嫌悪していた。明らかに、イスラーハとYSPからは遠く、GPCに近い姿勢を見せている。その理由としては、イスラーハに近い部族民兵やスンナ派の教条主義者らがホーシー派との戦闘に参加していたこと、ホーシー派とサーレハが連邦制の導入に反対していたことなどがある。しかし、それだけでなく、イスラーハの支持基盤であるハーシド・バキールの年長者層やムスリム同胞団、YSPのイデオロギーである共産主義への拒否反応と、包括政党としてのGPCの行政実務能力への評価という、より大きな背景があると考えられる。GPCは特定のイデオロギーや支持基盤に依拠せず、眼前の問題の解決を優先し、それにより広範囲な支持を得て選挙で勝利しようとする包括政党である(松本二〇〇六：一四一―一四五)。長らく政権を維持したため、そのための経験、能力も他の政党よりは有している。目的も経験もないホーシー派にとって、同盟相手として最も都合の良い存在と言える。

ホーシー派支持者の回答が、ホーシー派の政治的立場や傾向と反映し合うものであるならば、のちにサーレハがハーディー排除のためにホーシー派を利用できた要因のひとつは、ホーシー派の側も従前からGPCと同様な政治的立場や傾向をとり、諸政党のなかでGPCをより近い存在と認識していたことにある。ホーシー派が内戦の主体となる展開には、GPCとの相互依存関係が必要であった。

この観測が妥当であるならば、内戦の帰趨を決するキーアクターはGPCであって、内戦の主体であるホーシー派や南部運動ではないことになる。GPCへの大きな支持を示す旧北イエメン・スンナ派地域は、最大の人口を擁しながら、シーア派であるホーシー派とも、分離独立の南部運動とも組めない閉塞状況に陥り、サーレハ殺害の後も沈黙を続けている(松本二〇一九:二一八—二二四)。GPCがこの地域の閉塞状況を打破しうるか否かが、内戦の今後を左右すると思われる。

注

(1) ダーリウ州は、一九九八年に新設された旧南北イエメン国境を横断する唯一の州だが、配置された七選挙区のうち、六選挙区が旧北イエメンに位置するので、旧北イエメンに加えた。また、二〇一三年にハドラマウト州からソコトラ島が分離されて、ソコトラ州となったが、本調査には反映されていない。

(2) 「支持政党なし」が最も高い割合を示しているが、これは紛争の有無にかかわらず、多くの国に見られる一般的な傾向なのか、それともイエメンの内戦に起因する既存の政党・政治勢力への嫌悪なのか、判別できなかった。

(3) V228(選択式)、サンプル数一〇〇〇、サアダ州とマハラ州は含まれていない。

参考文献

松本弘(二〇〇六)「イエメン——政党政治の成立と亀裂」、間寧編『西・中央アジアにおける亀裂構造と政治体制』ア

ジア経済研究所
松本弘（二〇一二）「イエメンの民主化と部族社会——変化の中の伝統」、酒井啓子編『中東政治学』有斐閣
松本弘（二〇一九）「イエメンの内戦と宗派」、酒井啓子編著『現代中東の宗派問題——政治対立の「宗派化」と「新冷戦」』晃洋書房

Brandt, Marieke (2017) *Tribes and Politics in Yemen: A History of the Houthi Conflict*, C. Hurst & Co Publishers.
Day, Stephen W. and Noel Brehony eds. (2020) *Global, Regional, and Local Dynamics in the Yemen Crisis*, Palgrave Macmillan.
Lackner, Helen (2018) *Yemen in Crisis: Autocracy, Neo-Liberalism and Disintegration of a State*, Al Saqi.
Salmoni, Barak A., Bryce Loidolt, and Madeleine Wells (2010) *Regime and Periphery in Northern Yemen: The Huthi Phenomenon*, RAND Corporation.

URL
① Arab Barometer (AB) https://www.arabbarometer.org/survey-data/（二〇一九年一〇月一六日閲覧）
② World Values Survey (WVS) http://www.worldvaluessurvey.org/WVSOnline.jsp（二〇一九年一〇月一六日閲覧）

第3章　紛争下のリビアにおける国家観
――「断片化」と統合の狭間で――

小林　周

はじめに

リビアでは、「アラブの春」に伴う二〇一一年の内戦と外国の軍事介入によってムアンマル・カッザーフィー（カダフィ）政権が崩壊した。その後は民主化を通じた政治の安定や豊富な石油資源による経済発展が期待されていたが、政府が脆弱な中で諸勢力が対立を続け、諸外国が様々な思惑のもとに介入し、国家再建が停滞している。また、中央政府が十分な治安維持や法執行を行えない状況で、国内にはジハード主義組織（イスラーム過激派）が浸透し、二〇一四年には「イスラーム国（ＩＳ）」が一部の都市を実効支配するまでになった。不安定なリビアは地中海を越える移民・難民の玄関口、そしてジハード主義組織や武装勢力の拠点となり、中東・北アフリカ―サヘル（サハラ砂漠南縁）地域の政治・治安情勢に大きな影響を与えてきた。

後述するように、近年のリビア情勢は「東西対立」の構図で語られることが多い。しかし、リビア国内における対立要因はより重層的・複合的であり、「断片化（fragmentation）」と表現した方が適切である（Centre for Humanitarian Dialogue 2018；Wehrey and Lacher 2018）。内戦後に設立された政権は、リビア全土に統治を広げられず、政治機構も脆弱である。対立する諸勢力は、政治的正統性やイデオロギーだけではなく、政治権力、石油権益や密貿易を含めた経済的利害など、多様な要素をめぐって争っている。不法移民の斡旋や密輸などの権益をめぐって、敵対しているはずの諸勢力による協力や、逆に政治的には連携している勢力間での衝突も見られる。さらに、リビア国内の対立要因とは別の次元で、ＩＳやアル＝カーイダ系勢力といったジハード主義組織、また越境的に活動する少数民族などが、リビア国内の諸主体との流動的な協力・敵対関係を形成し、対立構造を複雑化させている。

このように「断片化」が進むリビアにおいて、国民は政治をどのように捉え、どのような「国家」のあり方が望ましいと考えているのだろうか。また、外部主導で進められてきた国家建設は、リビア国民の意識とどの程度重なっているのだろうか。本章ではこのような問題意識を基に、世論調査を通じてリビア国民の国家観、政治意識を分析し、リビアの政治的安定に向けた課題を考察していく。

一　内戦後のリビア情勢

国民合意政府と「リビア国民軍」の対立

リビアでは二〇一四年の「代表議会（House of Representatives：HoR）」設立をきっかけとして、二つの「政府」が対立する状況が生まれた。二〇一二年に設立された「国民議会（General National Congress)」が二年の任期を終えても解散せずに首都トリポリに居座り、新たに設立されたＨｏＲが東部都市のトブルクに拠点を置いたことで、両者の対立は「東西対立」と呼ばれるようになった。この対立はリビアの国家建設や内戦復興を阻害するだけでなく、両勢力間の武力衝突による治安悪化をもたらし、同国にジハード主義組織が伸張する要因となった。そのため、国連や欧米、周辺諸国が調停に乗り出し、二〇一五年一二月には、両勢力の間で「リビア政治合意」が締結された。

「リビア政治合意」を根拠として、「国民議会」とＨｏＲを統合する形で二〇一六年一月に設立された「国民合意政府（Government of National Accord：GNA）」は、二〇二〇年七月に至るまでリビアの唯一かつ正統な政府として国際的に承認されている。首都トリポリに拠点を置く同政府は、最高意思決定機関「執行評議会」と内閣からなる行政機関である。立法機能はトブルクに拠点を置くＨｏＲが担う。また、「国民議会」の後継機関である「国家高等評議会」はＧＮＡの諮問機関として、同政府が提出する法案や国際的合意に対して、法的拘束力のある意見を提示できる。しかし、ＨｏＲの一部の議員がＧＮＡを拒絶して、リビア東部を拠点とする独自の内閣や中央銀行、石油公社を設立した。そのため、行政機能を持つＧＮＡと立法権を持つＨｏＲがリビア東西で対立するという、「東西対立」の新しい構図が発生し、後述するように憲法改正や選挙が進まないなど政治プロセスが阻害されてきた。

また、ＧＮＡにとって国家建設の最大の障害となってきたのが、リビア東部を実効支配する軍事組織「リビア国民軍（Libyan National Army）」のハリーファ・ハフタル司令官である。ハフタルは、カッザーフィーによる一九六九年のクーデタの同志であったが、反体制派に転じ、米国に約二〇年間在住した。その後、二〇一一年の内戦時に帰国し、反カッザーフィー勢力を軍事的に指揮して台頭した。二〇一四年五月には「リビア国民軍」を設立し、部族勢力や民兵組織などと連携して反ジハード主義軍事作戦「尊厳作戦」を立ち上げ、ＩＳやアル＝カーイダ系組織と戦ってきた。また、同じく東部を拠点とするＨｏＲと連携し、二〇一五年三月にはＨｏＲの軍総司令官に就任した。ハフタルは大きな政治的影響力を持つが、「リビア政治合意」とＧＮＡ設立を外国の内政干渉として批判し、ＨｏＲの強硬派と連携してＧＮＡに敵対している。さらに、「リビア国民軍」は国軍や警察を凌ぐ軍事力を有しており、エジプトやＵＡＥ、サウジアラビアといった域内諸国に加えて、フランスやロシアからも支援を受けている。

非国家主体の台頭と諸外国の介入

リビアの政治・治安を流動化させている大きな要因は、内戦時に反政府ゲリラとして生まれた民兵組織である。内戦時に反体制闘争に参加した七万人のうち、国の治安機関へ編入した民兵は三割以下とされる。それだけでなく、武装解除・動員解除・社会復帰(disarmament, demobilization, reintegration: DDR)がほとんど進められなかった結果、新政権の民兵組織に対する補償や給与、利権を目的に、民兵の数は二〇一三年一一月時点で約二五万人にまで膨れ上がった(Gaub 2013)。また、二〇一六年時点でリビア国内には二〇〇〇万丁以上の武器(小火器)が出回っていたと推測されている。リビア国民の人口が約六五〇万人であることを踏まえれば、民兵の増加と武器の拡散は国内の政治・治安の安定を大きく揺るがしたと言える(United Nations Security Council 2016)。

時間の経過とともに、民兵組織の活動は多様化していった。例えば、特定領域（都市部、国土の周縁部）の実効支配、主要都市や戦略的要衝（石油関連施設、港湾、幹線道路）の占拠による経済的利権の獲得、部族・民族の自警団としての安全や権益の確保、人身売買、ドラッグや武器の密輸への関与、ジハード主義の拡散などである。民兵組織は新政権の統治・治安維持能力の脆弱性をつき、活動拠点と資源を増大させ、政治的・経済的利権を増大させてきた（小林二〇一八a、Eaton 2020）。

紛争下での中央政府による統治の脆弱化について検討する上では、「非統治空間（ungoverned spaces）」、つまり中央政府による統治がおよばず、政府による法執行や治安維持が十分になされない地理空間という概念が有効である（小林二〇一八b）。特にリビア南部の国境周辺では、周辺諸国の国境管理能力や治安維持能力が低下し、「非統治空間」が発生したことで、ジハード主義組織や犯罪組織が越境的な移動・輸送経路を構築した（小林二〇一八c、Shaw and Mangan 2014）。

また、諸外国のリビアに対する介入は、中東・北アフリカ諸国間の対立関係を反映したリビア国内の勢力への資金や武器の提供といった形を取ることが多く、「代理戦争」とも表現される（Megerisi 2019; Mezran and Varvelli eds. 2017）。特に、二〇一四年にリビア国内の政治対立が激化して以降、UAE、エジプト、サウジアラビアは、リビア国内でのムスリム同胞団やジハード主義組織の台頭を警戒し、HoRや「リビア国民軍」に対する支援を強化してきた。他にもスーダンやチャドの武装勢力が、UAEから資金提供を受けて「リビア国民軍」に加勢していると見られる。これに対して、トルコやカタル（カタール）はリビア国内のムスリム同胞団を支援し、北アフリカにおける影響力を強化させる狙いから、トリポリのGNAを支援してきた。近年はロシアもリビアへの軍事介入を強める一方で、イタリアはGNAを、フランスはハフタルを支援するなど、欧州の対リビア関与は一致しておらず、リビアの混乱と分裂の要因となっている。国連安全保障理事会はたびたびリビアに対する諸外国の軍事介入(リビアへの武器禁輸を定めた安保理決議一九七〇号への違反)について警告しているものの、外部介入が収まる気配はない。

選挙に向けた動きと「リビア国民軍」のトリポリ侵攻

このような状況下、リビアの統治機構の再編と政治・治安の安定化を進めるため、選挙を求める声が主に国外で高まった。二〇一七年九月、国連リビア支援ミッション(United Nations Support Mission in Libya: UNSMIL)のガッサーン・サラーマ代表(二〇二〇年三月辞任)は、①全土での国民対話の実施、②「リビア政治合意」の修正とGNAの組織改革、③憲法制定のための国民投票、④大統領・議会選挙を行うための法制度の整備という四つの柱からなる「アクション・プラン」を発表した。また、二〇一八年中に大統領・議会選挙を予定していることを明らかにした。

カッザーフィー政権崩壊後には議院内閣制が採用されたため、大統領に付与される権限、大統領と軍、議会および内閣との関係、議会の規模などを取り決めるための法的枠組みは定まっていない。また、大統領制を導入した際の軍の最高指揮権や任命権、地方行政の権限なども不透明である。これらを規定するには憲法と選挙・投票制度の改正が必要になるが、立法権を持つHoRは憲法改正のための国民投票に関する法案審議を何度も延期してきた。このため、高等選挙委員会は選挙を実施することができず、選挙は延期され続けてきた。

リビアの和平と安定化に向けた国際会議は、これまでUAE(二〇一七年五月、二〇一九年三月)、フランス(二〇一七年七月、二〇一八年五月)、イタリア(二〇一八年一一月)、ドイツ(二〇二〇年一月)などで行われてきた。特に二〇一八年五月のフランス・パリでの会議では、二〇一八年九月中の憲法改正と選挙関連法案の制定、一二月中の大統領・議会選挙の実施が合意された。会談にはサッラージュGNA首相やハフタル「リビア国民軍」司令官などが出席し、合意に署名した。しかし、いずれの会議も政治・治安の改善には結びつかず、何度も和平合意は破られ、選挙も延期されてきた。そもそも国連や欧米が提示した選挙の計画は、リビアの流動的な情勢を無視した硬直的かつ性急なものであり、憲法や法的な正統性が確立されない中での選挙はさらなる混乱を招くとの指摘もある(Human Rights Watch 2018)。

何度かの延期を経て、UNSMILは二〇一九年内の大統領・議会選挙を目標とし、諸勢力間の和平調停会議「国民対話」を行う準備を進めていた。しかし、「国民対話」実施直前の二〇一九年四月、ハフタルが「リビア国民軍」に対してトリポリ侵攻を命じ、同軍はトリポリ郊外にまで迫った。これにより、GNA傘下の国軍やGNAを支援する民兵組織との大規模な戦闘が発生した。

二〇二〇年七月時点で、「リビア国民軍」はUAE、エジプト、ロシア、フランス、GNAはトルコから軍事支援を受けながら戦闘を継続しており、戦線は拡大している。国連や欧米の和平調停も奏功せず、戦闘と混乱が短期的に収束する可能性は低い。GNAとハフタル・東部政府間の信頼関係は決定的に損なわれており、大統領・議会選挙やその他の政治プロセスについても、道のりは極めて険しくなった。二〇二〇年五月、国連はトリポリ周辺での戦闘による避難者が二〇万人を超えたと発表するなど、一般市民にも甚大な被害が発生している。

二　世論調査にもとづくリビア国民の政治意識分析

以上の背景を踏まえて、二〇一九年一〇―一一月に一二〇〇人以上のリビア国民を対象とした独自の世論調査を実施した。

調査手法としては、まず西部(トリポリタニア)・東部(キレナイカ)・南部(フェッザーン)の伝統的な地域区分にしたがって、各地域から九―一〇都市を選定した。この地域区分を採用した理由としては、リビアにおける政治対立や社会的亀裂が地域(主義)によって説明されることが多いことから、リビア国民の政治意識における地域的な差異を分析するためである。そのうえで、リビアで最後に行われた二〇〇六年の国勢調査にしたがってサンプリングを行い、各地域から約四〇〇人ずつ、合計一二〇六人の回答者を無作為抽出した。そして、リビア国内の世論調査で多くの実績を持つディーワーン・マーケティング・リサーチ(Diwan Marketing Research)の協力のもと、電話調査(Computer Assisted Telephone Interviewing)によって調査を行った。

質問項目は、リビアの政治的課題、諸外国への好感度、政治的・社会的包摂への意識、選挙や政党に対する認識など多岐にわたるが、本章では特にリビア国民の国家観に関する調査結果に焦点を当てて分析していく。

望ましい政治制度・政治的包摂

望ましい政治制度や政治的包摂に関する質問では、総じて国家の一体性や包摂性を重視する回答が目立った(図3-1)。

第一に、「リビアは三つの地域区分にもとづいた連邦制を導入すべきである」という主張を支持したのは全国平均で五%にとどまり、九〇%が「全くそう思わない」または「そう思わない」と回答した。リビアでは内戦後に連邦制や地域の自治を志向する動きが高まり、特にカッザーフィー政権下で政治的に疎外されてきた東部では、首都トリポリが位置する西部に対する反発や石油資源の偏在、建国時に首都が置かれた歴史的経緯などから、特に自治・独立志向が高いとみなされてきた。だが、回答を地域で区分すると、東部では連邦制に対する支持が七%(西部四%、南部三%)、不支持が八七%(西部九一%、南部九〇%)と、他地域に比べればやや連邦制への支持が高いものの、地域的な差異が有意に出たとは言いがたい結果となった。

第二に、「前政権の関係者を政治に取り入れるべきである」という主張は、全国平均で六六%の回答者によって支持され、不支持は一六%であった。地域別に見ると、南部では前政権関係者の包摂に対する支持が高く(支持七三%、不支持一一%)、東部では低い(支持六〇%、不支持二一%)。この差異は、前述のとおり東部地域がカッザーフィー政権下で冷遇され、二〇一一年の反カッザーフィー政権運動の発火点となったこと、また南部地域は「東西対立」の文脈に取り込まれておらず、前政権との関係も比較的良好であったことが背景だと考えられる。他方で、東部においても前政権関係者の包摂に対する支持が過半数を超えた点は注目に値する。

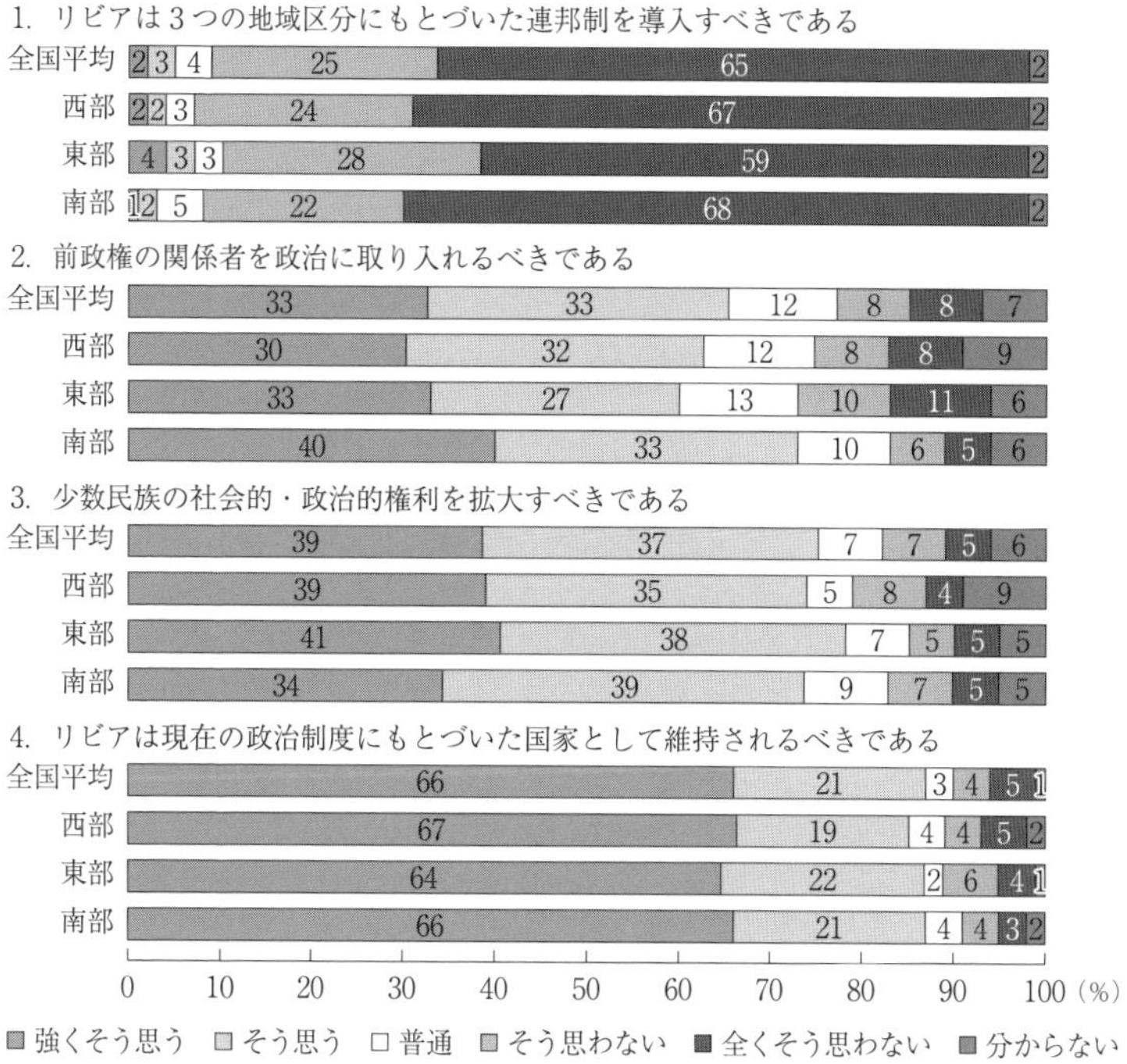

出所) 筆者作成(以下同).

図 3-1 望ましい政治制度や政治的包摂のあり方

第三に、「少数民族の社会的・政治的権利を拡大すべきである」という主張は、全国平均で七六%の回答者によって支持され、不支持は一二%であった。地域別の差異はほとんど見られないが、南部では「強くそう思う」という回答が三四%と、他地域に比べてやや低い(西部三九%、東部四一%)。リビア南部にはトゥアレグやトゥーブといった少数民族、およびサブサハラ・アフリカからの移民が他の地域と比較して多く居住する。そのため、内戦後にマジョリティであるアラブ系住民

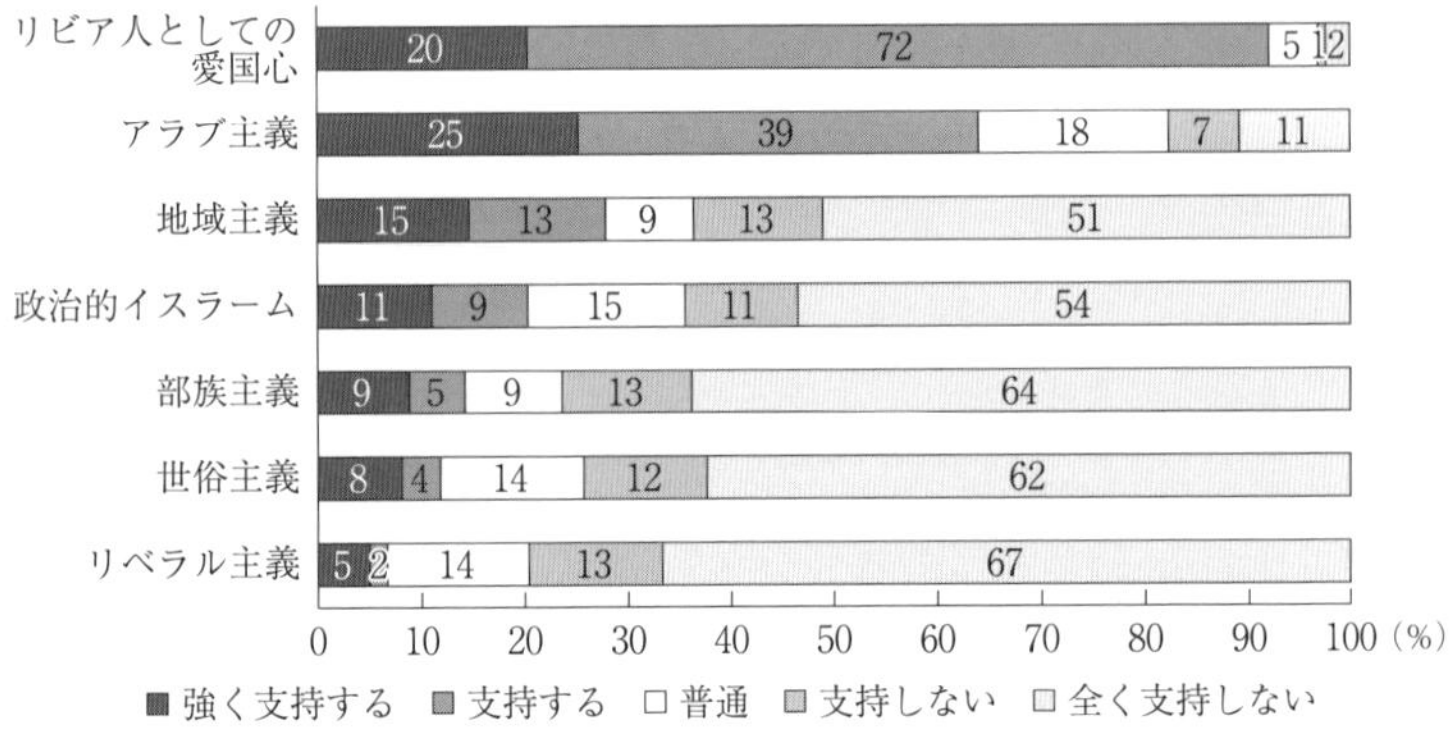

図 3-2　支持するイデオロギー，思想

との対立が頻発したほか、非正規移民や国外の武装組織・犯罪組織の流入によって治安が悪化してきた。このような南部固有の地域的背景が、回答に影響を与えた可能性がある。

第四に、「リビアは現在の政治制度にもとづいた国家として維持されるべきである」という主張は、全国平均で八七％の回答者によって支持され、不支持は九％であった。この回答については地域別の差異はほとんど見られず、リビア国民は後述するように多くの政治的不満を抱えているものの、国家機構の解体や政治制度の根本的な変革を望んでいるわけではないことが分かる。

既存の政治制度に対する支持は、支持するイデオロギーや思想に関する回答にも表れている（図3-2）。「リビア人としての愛国心」を「強く支持する」または「支持する」という回答は九二％と、他の回答に対して圧倒的に高い。また、リビアにおける「断片化」の要因として説明されることの多い地域主義に対する支持は二八％、部族主義に対する支持は一四％にとどまっている。この点は、紛争下の国家における望ましいガバナンスのあり方を検討する上で重要な材料となる

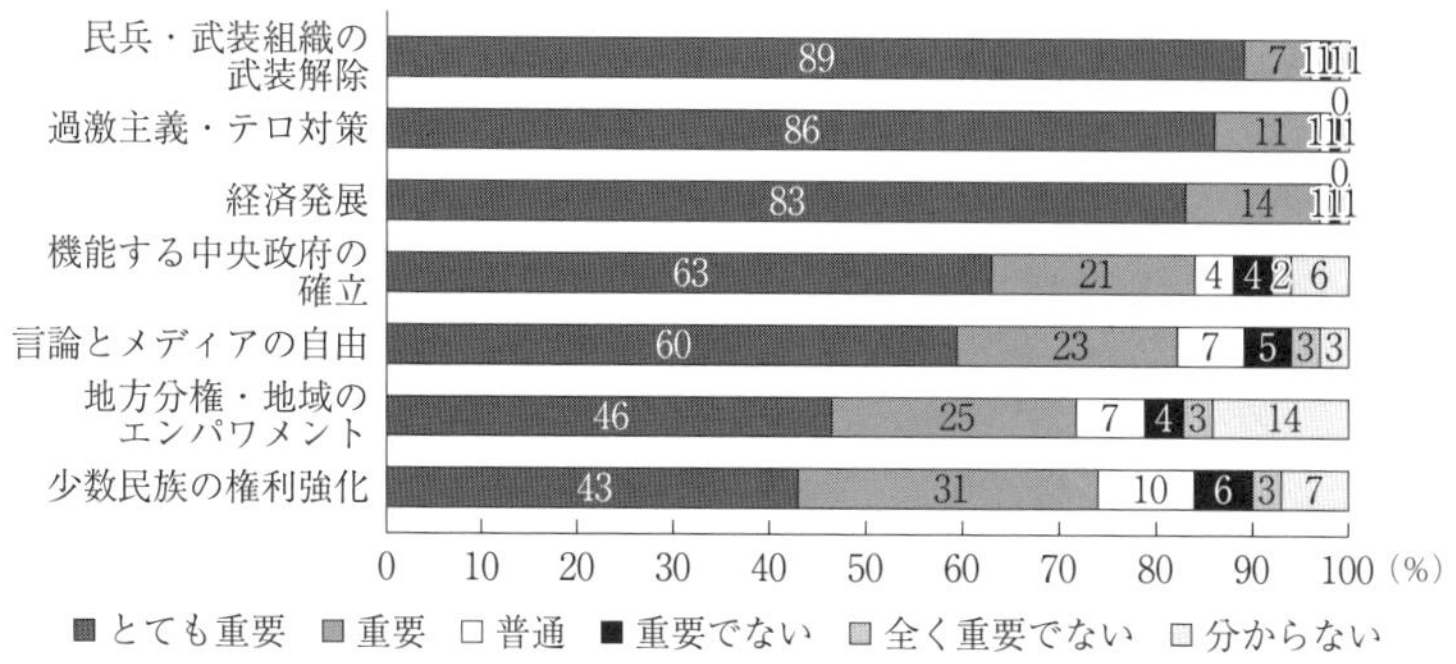

図 3-3　現在のリビアにおける重要課題（全国平均・複数回答）

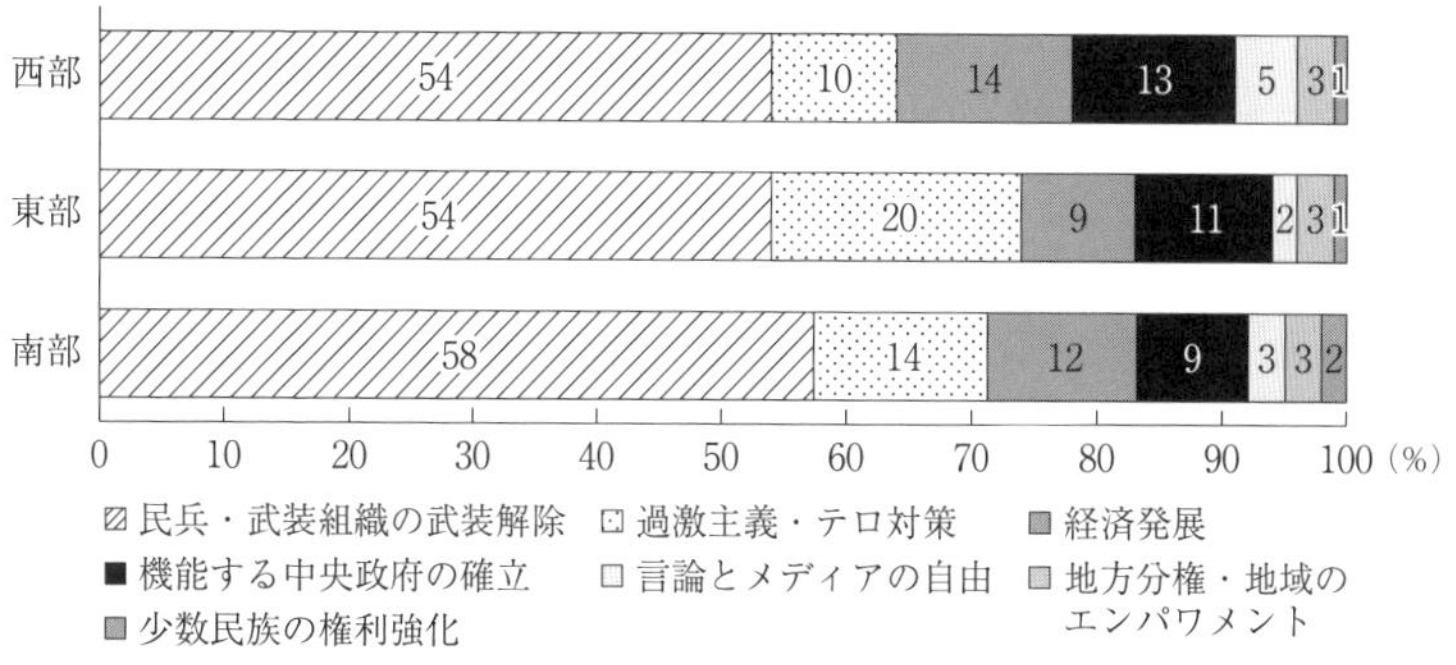

図 3-4　最も重要な課題（単一回答）

だろう。

現在の重要課題

現在のリビアにおける重要課題についての質問では、民兵・武装組織の武装解除、過激主義・テロ対策、経済発展を挙げる回答が目立った（全国平均・複数回答可）（図3-3）。ただし、これらの選択肢の中で最も重要だと思われる課題（単一回答）については、民兵・武装組織の武装解除が全国平均で五五％と圧倒的に高い。さらに、次点は過激主義・テロ対策（全国平均一五％）と、治安の改善が極めて重要な課題だと認識されていることが分かる（図3-4）。

他方で、内戦後のリビアで民兵組織の武装解除とテロ対策を同時に進めることは容易ではない。なぜならば、政府はテロ対策や治安維持のために、強力な民兵組織に依存してきたからである。民兵組織は規模や装備、資金面で国軍や警察に勝っており、政府が物理的に民兵組織を抑え込むことはほぼ不可能である。また、カッザーフィー政権崩壊後の軍・治安機関の解体によって政府の治安維持能力が大きく減衰したため、新政権は一部の民兵組織に国境や都市部での治安維持を依存してきた。また、少数民族が独自に結成した民兵組織は、自警団や国境警備隊としての役割も担ってきた（Eaton 2018；Lacher 2018）。二〇一六年以降のリビア国内でのＩＳ掃討作戦においては、国軍や警察よりも民兵組織が主体的な役割を果たし、欧米の軍隊とも連携してきた。

民兵組織の暴力行為がリビアの国家建設を妨害し、国民の不満を高めている一方で、ＧＮＡが民兵組織の助力を得ずに「リビア国民軍」に対抗したり、ジハード主義・テロ対策を進めていくことは現実的に難しい。リビア国民が望むよう、民兵組織の武装解除を進めるためには、その後の治安維持、国境管理、経済面での不満解消、民族・部族・地域に依拠する社会的格差の解消まで見据える必要がある。

政治・社会状況の変化に関する認識

「二〇一一年の内戦以降にリビアの政治・社会状況が改善された」という主張について、「強く支持する」または「支持する」という回答は全国平均で一三％にとどまり、七三％が「全くそう思わない」または「そう思わない」と回答した。地域別に見ると、南部では支持が一〇％(西部・東部一六％)、不支持が七九％(西部六七％、東部七三％)と、内戦後の政治・社会状況の改善に最も悲観的であった。この背景には、前述のとおり南部ではカッザーフィー政権に対する不満が比較的少なかった点、そして内戦後にジハード主義組織や武装勢力の流入によって治安が悪化した点が指摘できる。

同様に、「GNA設立(二〇一六年三月)後にリビアの政治・社会状況が改善された」という主張を支持したのは全国平均で一二％にとどまり、七三％が「全くそう思わない」または「そう思わない」と回答した。特に東部では、支持が八％(西部一七％、南部一三％)、不支持が八二％(西部六四％、南部七五％)と、最もGNA設立後の政治・社会状況の改善に悲観的であった。リビア東部を拠点とする「リビア国民軍」とGNAの対立や、GNAが設立以降リビア東部に統治を全く広げられていない点が、この回答につながったと考えられる。

内戦以降の政治・社会状況の変化については悲観的な認識が目立つ一方で、「三年後にリビアの政治・社会状況は改善されている」という主張については、支持が全国平均で八一％、不支持が一〇％と逆転した。他の調査結果と合わせて考察すると、リビア国民の多くは現在の政治制度や政治的包摂を支持し、リビア人としての国民意識を共有し、今後の政治状況の改善に対する期待は高いということになる。政治と治安の混乱が一〇年近く継続する状況においてもこれだけ将来への期待が高い点は、紛争下の国民の政治認識を考察する上で重要な点である。この回答については、西部では支持が七六％(東部八三％、南部八五％)、不支持が一六％(東部九％、南部七％)と、他地域と比較してやや悲観的であった。

選挙への意識

「今後予定されている選挙で投票するか」という質問に対しては、大統領選挙については全国平均で七二%(西部七一%、東部七三%、南部七二%)、議会選挙に投票するという回答は五六%(西部五一%、東部五三%、南部六二%)であった。なお、リビア高等選挙委員会によれば、二〇一八年中に予定されていた大統領・議会選挙における有権者登録数(登録期間、二〇一七年一二月—二〇一八年三月)は在外も含めて約二四三万五〇〇〇人であり、有権者全体の五三%であった(Libya Observer 2018)。政治対立の先鋭化や二〇一九年四月以降のトリポリ周辺での戦闘によって選挙の実現可能性は低下しているが、依然として選挙に対するリビア国民の期待は高いことが分かる。

他方で、議会選挙に投票するという回答は大統領選挙と比較して全国平均で一五ポイント以上低い。これと関連して、支持政党についての質問では「どの政党も支持しない」という回答が全国平均で九二%(西部九三%、東部九二%、南部九三%)と圧倒的であり、二%以上の支持を得た政党は「リベラル」政党とみなされてきた「国民勢力連合」とムスリム同胞団系の「公正建設党」のみであった。

政党に対する支持の低さについては、リビアでは一九五一年の独立時から二〇一一年のカッザーフィー政権崩壊まで政党活動が禁じられており、政治における政党の役割が限定的であったことが要因だと考えられる。本章執筆時点で、比例代表方式による選挙が行われたのは二〇一二年の国民議会選挙のみであり、政党政治はリビア国内に定着していないと指摘できる。「国民勢力連合」と「公正建設党」は、二〇一二年の選挙において第一党、第二党となり、政治的影響力が大きいと見られてきた。

しかし、政治の混乱が続く中で、議会や政党に対する期待や信頼感が損なわれたことが回答に表れている。

おわりに

本章では、リビア国民が政府、政党、民兵組織に対して強い不信感を示す一方で、今後の政治状況の改善に対する期待は高く、政治プロセスへの参加意欲も高いことを示した。さらに、回答に地域的な差異があまり見られない点を指摘した。このことは、リビアの紛争要因や国家建設の阻害要因として説明されることの多い地域主義や「東西対立」が、国民の政治認識にはほとんど反映されていないことを示していると言えよう。

国家の存在目的の一つは、領域内の国民の安全を守ることである。しかし、リビアのように紛争下で中央政府が脆弱化し、また領土の内部に「非統治空間」が発生している現状において国家再建を進めるためには、中央政府だけではなく、政治と治安の安定に資するようなローカルな主体に着目するべきだという指摘もある(Mazarr 2014; Meagher 2012)。他方で、今回の調査結果に見られるように、リビア国民は民兵組織の武装解除こそが重要課題だとみなしている。政治・治安の安定化に向けた非国家主体との連携と、持続的な安定のための中央政府の機能強化のバランスは、紛争国にとっての大きな課題である。

二〇一八年六月の国連安保理にて、グテーレス事務総長は「シリア、イエメン、リビアの領土的一体性（territorial integrity）は脅威にさらされている」と警告した（Guterres 2018）。リビア国民が現在の政治制度や政治的包摂を支持し、リビア人としての国民意識を共有し、今後の政治プロセスに参加する意欲を持っていたとしても、現在のリビアは和平調停や国家建設が進む状況ではない。ＧＮＡと「リビア国民軍」の停戦・和解の糸口は見えず、諸外国の軍事介入はますます強まっている。中東・北アフリカ地域における各国の対立や競争が激化する中で、リビアは「代理戦争」の舞台であり続けるだろう。

リビアの安定化に向けた国際社会の課題とは何か。何よりも、現状を一気に打開する「特効薬」はないという認識を持ち、中長期的に治安改善や国家建設を支援することが求められるだろう。そのためには、まずリビア国民の政治認識やニーズを理解することが前提となる。これまでも、選挙や政治改革を外部から性急に進めた結果、リビア国内の紛争が激化してきた。二〇一二年の国民議会選挙や二〇一四年のＨｏＲ選挙においても、選挙後の政治プロセスの混乱は、リビアの安定よりも「断片化」を進める結果をもたらした（小林二〇一八ａ）。外部が主導する選挙や政治改革は、リビアの統一と安定ではなく、さらなる分断と不安定化を招く可能性について、国際社会は十分に認識する必要がある。リビア国民の政治認識にもとづいた持続的なガバナンス構築と、それに対する国際的な支援が、今後はさらに求められるだろう。

参考文献

小林周（二〇一八ａ）「「断片化」するリビア情勢と大統領・議会選挙——選挙は実施可能か、安定をもたらすのか」

『中東研究』第五三三号
小林周（二〇一八b）「リビアにおける「非統治空間」をめぐる問題とハイブリッド・ガバナンスの可能性」『KEIO SFC JOURNAL』第一八巻一号
小林周（二〇一八c）「リビアにおける「非統治空間」の発生――交錯する過激主義組織と人口移動」『反グローバリズム再考――国際経済秩序を揺るがす危機要因の研究　グローバルリスク研究』日本国際問題研究所

Centre for Humanitarian Dialogue (2018) *Exiting Chaos: Ghassan Salamé Reflects on Peacemaking*, June 20. https://www.hdcentre.org/wp-content/uploads/2020/05/Ghassan-Salam%C3%A9-reflects-on-peacemaking.pdf（二〇二〇年五月七日閲覧）
Eaton, Tim (2018) *Libya's War Economy: Predation, Profiteering and State Weakness*, Chatham House, April 12.
Eaton, Tim (2020) *The Development of Libyan Armed Groups Since 2014: Community Dynamics and Economic Interests*, Chatham House, March 17.
Gaub, Florence (2013) "Libya: The Struggle for Security," *ISSUE Brief*, European Union Institute for Security Studies. https://www.iss.europa.eu/sites/default/files/EUISSFiles/Brief_25.pdf（二〇二〇年五月七日閲覧）
Guterres, António (2018) "Remarks to the Security Council on the Situation in the Middle East and North Africa," *United Nations Secretary-General*, June 25. https://www.un.org/sg/en/content/sg/speeches/2018-06-25/middle-east-and-north-africa-remarks-security-council（二〇一八年六月三〇日閲覧）
Human Rights Watch (2018) *Libya: No Free Elections in Current Climate*, March 21. https://www.hrw.org/news/2018/03/21/libya-no-free-elections-current-climate（二〇一八年六月三〇日閲覧）
Lacher, Wolfram (2018) "Tripoli's Militia Cartel: How Ill-Conceived Stabilisation Blocks Political Progress, and Risks Renewed War," *SWP Comment*, German Institute for International and Security Affairs, No. 20.

Libya Observer (2018) *HNEC: Number of Registered Voters Give Credibility to Any Elections*, April 9. https://www.libyaobserver.ly/news/hnec-number-registered-voters-give-credibility-any-elections(二〇一八年四月一〇日閲覧)

Mazarr, Michael J. (2014) "The Rise and Fall of the Failed-State Paradigm Requiem for a Decade of Distraction," *Foreign Affairs*, 93(1), January/February.

Meagher, Kate (2012) "The Strength of Weak State? Non-State Security Forces and Hybrid Governance in Africa," *Development and Change*, 43(5).

Megerisi, Tarek (2019) *Libya's Global Civil War*, European Council on Foreign Relations, June. https://www.ecfr.eu/page/-/libyas_global_civil_war1.pdf(二〇二〇年三月一日閲覧)

Mezran, Karim and Arturo Varvelli eds. (2017) *Foreign Actors in Libya's Crisis*, Ledizioni-LediPublishing.

Shaw, Mark and Fiona Mangan (2014) "Illicit Trafficking and Libya's Transition: Profits and Losses," *Peaceworks*, 96, United States Institute of Peace, April.

United Nations Security Council (2016) *S/PV.7706: The Situation in Libya*, https://www.undocs.org/S/PV.7706(二〇二〇年五月七日閲覧)

Wehrey, Frederic and Wolfram Lacher (2018) "The Wrong Way to Fix Libya," *Foreign Affairs*, June 19. https://www.foreignaffairs.com/articles/libya/2018-06-19/wrong-way-fix-libya(二〇一八年六月二〇日閲覧)

第4章　ソマリアにおける国家観の錯綜
――プントランドでの認識を中心に――

遠藤　貢

はじめに

一九九一年一月にシアド・バーレ政権が崩壊して以降、二〇一二年一一月に国際社会からの政府承認を受けるソマリア連邦政府(Federal Government of Somalia：FGS)が樹立されるまでの約二〇年間、ソマリアは崩壊国家(Collapsed State)と呼ぶことが可能な状況にあった。ＦＧＳが樹立されたあとも、この政府が国内的に実効的な統治を十分に実現できていないことに鑑みると、依然として崩壊国家に極めて近い状況にあると言うこともできる。こうした形で中央政府を失った社会において、人々がどのように国内外の動静を認識してきたのかについては、現代世界において極めて興味深いテーマである。

すでに他でも論じたように(遠藤二〇一五)、崩壊国家は、基本的に中央政府を失った政体と考えることができる。ただし、崩壊国家は、内なる統治の論理からすれば対内的主権により定義される「政

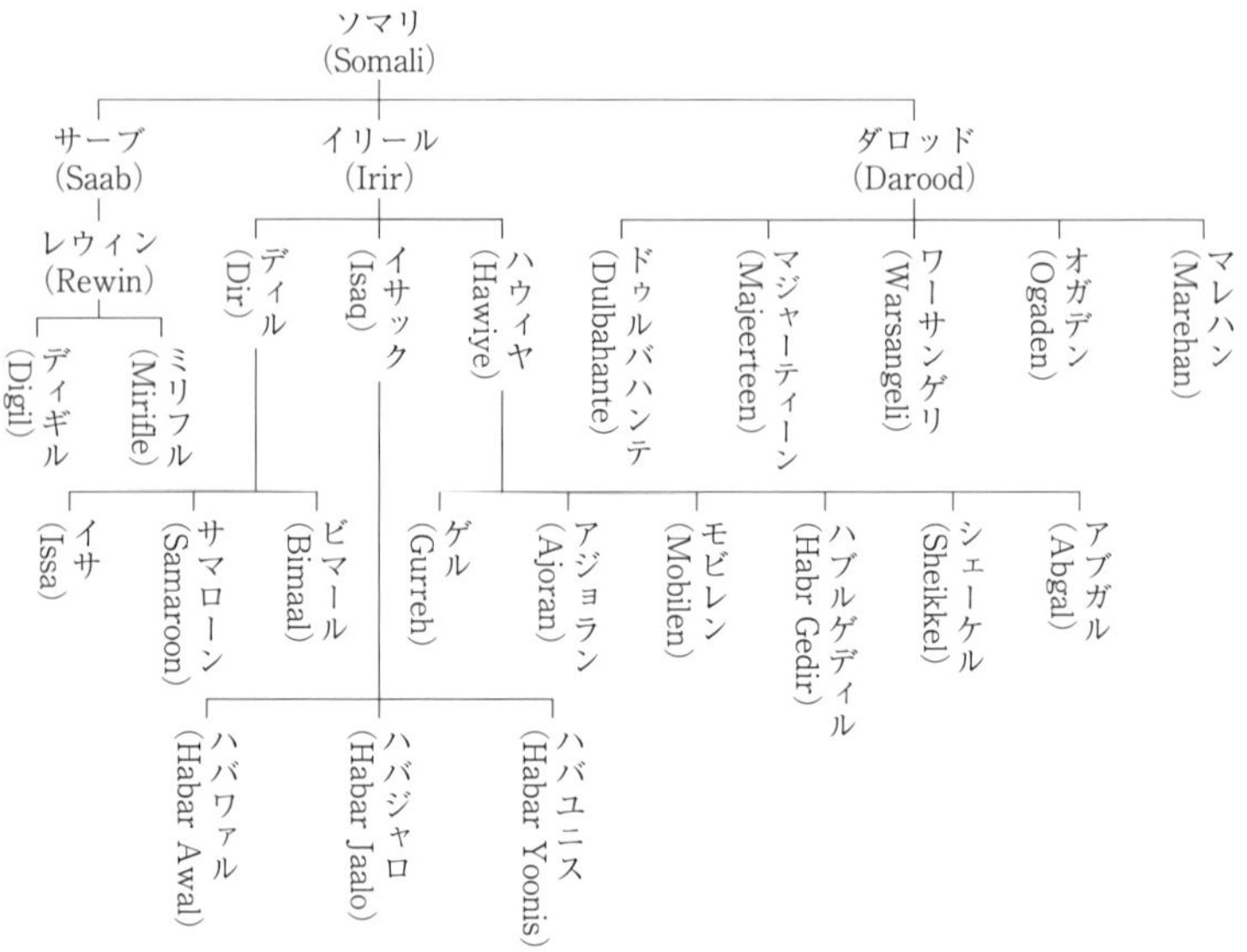

出所） Lyons and Samatar（1995: 9），Brons（2001: 18–29）を修正して筆者作成．

図 4–1　ソマリのクラン系図

府」が機能していないことにより国家の体をなしていないことにはなるが、その国家は対外的主権から構成される「国家」として完全に消滅してしまったわけではない。国際社会における認識の上では、それは引き続き存在している。言い換えると、現代世界においては、国際法上国家の要件の一つとして考えられている実効的な「政府」の存在していない「国家」が、崩壊国家という形で存立し続ける状況が生まれているということでもある。

ソマリアでは、二〇一二年にFGSが設立されたが、ここに至る過程で、一九九〇年代に北部において一定の行政を担う政体の形成が観察されてきた。それが以下で触れるように北西部のソマリランドと北東部のプントランドであった。中央政府の形成とは異なり、ソマリア国内における一部地域での制度形成を優先させる考え方は、ソマリアにおける秩序形成の一つのプロセスとしての「ビルディング・ブロック(building block)」アプローチとして知られてきたものであり、ソマリランドやプントランドはその先行事例としても位置づけられる(Bryden 1999)。

ソマリアにおける問題を考える場合に、あらかじめ確認しておく必要があるのが、ソマリ社会を構成し、以下の世論調査データにおいても注目される人々の帰属意識にも関わるクランである。クランは主に父系制をもとにして形成されている血縁関係から構成された人間集団である。ただし、ソマリアのクラン社会については、必ずしも統一された見解があるわけではない。概ね、レウィン、イサック、ダロッド、ディル、ハウィヤが主要五クラン・ファミリーを構成し、オガデン、マレハン、マジャーティーンなどがクラン、さらにその下位集団としてサブクランやディヤ(血税集団)という数百から数千の構成員からなる集団が存在すると理解されている(図4-1を参照)。

本章では、アメリカ開発庁(USAID)が外部コンサルタントに委嘱して実施したソマリ世論調査(Somali Perception Survey: SPS)のデータを利用して、ソマリアにおける人々の国家観の特徴を検討する。

一　ソマリアにおける世論調査とその概要に示された特徴

ソマリアにおける世論調査

この世論調査は二〇一六年七月一一日から八月一八日にかけて行われており、ソマリア全土(一部イスラーム主義勢力アッシャバーブの活動により調査できなかった地域を含む）において、一八四三のランダムサンプルを得ている[1]。なお、調査が実施された時期は、後述するＦＧＳの選挙が準備されている期間に当たる。

この調査の結果については、一九九一年以降のソマリアにおける地域的な特徴を考慮し、独立を宣言しているソマリランドについては別に調査報告書が作成されているほか（USAID Somalia 2017b）、残りの地域については現在のソマリア連邦制において新たに創設されている新興の連邦構成州（ＥＦＳ）、首都モガディシュ、北東部において一九九八年に自治政府を樹立したプントランドに地域を分けて、その調査結果を提示している（USAID Somalia 2017a）。

なお、別巻のアネックスに、調査した地域を統合する形での調査結果のデータが示されている箇所があり、ソマリアにおける地域別の特徴を考察する上で最も参考になるので、本章では主にこのアネックスの資料を用いながら（USAID Somalia 2017c）、まずはその調査結果を見ていきたい。

現状認識

まず「あなたはこの国のほかの市民と比べ、どの程度公平に扱われていると思いますか」（質問項目五八）に対する回答が特徴的である。

プントランドではその七六％が「大いに」と回答しており、全国平均の四二％を大きく上回っている（モガディシュは三一％、ＥＦＳは三二％、ソマリランドは六八％）。しかし、「この国は良い方向に行っているか、それとも悪い方向に行っているか。そしてその程度はどのくらいか」（質問項目二）に関しては、プントランドは四三%が「大いに」悪い方向に進んでいると回答しており(「わずかに」を合わせると五九%)、全国平均の一九%を大きく上回っている。この設問に対して、ソマリランドでは、悪い方向に進んでいるという回答は「大いに」が七%、「わずかに」が一一%と回答していることと極めて対照的である。

治安状況に関する現状と、近年の変化に対する認識も特徴的である。治安の現状に対して、「非常に」あるいは「概ね」よいと回答している(質問項目六一)比率は、プントランドが最も高く、九七%に及ぶ(なお「非常に」だけをとると、ソマリランドの七一%に比べ、五二%にとどまるが、「概ね」との評価の比率が高い)。一方で、過去四年間に、治安状況が「大いに」あるいは「いくらか」改善したか(質問項目六二)への回答については、全国平均で八〇%は改善したと回答しているのに比べ、プントランドでは六八%と最も低い評価にとどまる一方、大きく変わらないという回答が三一%に上る点にその特徴が見られる。

政府の役割に関する認識

次に、政府の役割に関する評価に関わる点において、プントランドはソマリアの他地域に比べた場合の特徴がより際立っている。質問項目四四では、「次の二つの見解のどちらが近いか」という二択の設問がなされている。一方が「たとえ市民の影響力が及ばずとも、政府が物事を成し遂げることが重要」、他方が「物事の実施が遅れたり、実現されなかったりしても、政府が市民に対する説明責任を負うことがより重要である」という、政府の「政策実現能力」と「政府の説明責任能力」の比較考量を問う設問である。ソマリア全体の平均は、「政策実現能力」が四二%、「政府の説明責任能力」が五七%と、「政府の説明責任能力」への評価が高い傾向が示されているが、プントランドでは、この傾向がより強くその八三%が「政府の説明責任能力」を支持し、「政策実現能力」を重視するのはわずか一六%にとどまっている。

また、政府の特徴に関する次の二択の設問(質問項目四八)においてもプントランドでの回答は特徴的である。第一の選択肢は「政府は両親のようなものであり、市民にとりよいことを実施すべきである」、そして第二の選択肢は「政府は市民にとり、被用者のようなものであり、雇用者(ボス)である市民はすべきことを指示する立場にある」。ソマリア全体の平均では「両親」を支持するのが五八%、「被用者」を支持するのが四二%であったのに対し、プントランドは、「両親」を支持するのはわずか二五%であり、「被用者」を支持する割合は七一%と特徴的なほど高い比率を示している。

プントランドの特徴的な傾向は、議会の役割に関わる質問項目(三〇)にも示されている。一方は「ひとたび職務に就いたら、まずは自分の所属するクランを助けるべきである」、そして他方は「議員は人民を代表すべきであり、他に優先させて自ら出身のクランに有利ないかなる活動を行うべきではない」という二択の設問である。ソマリア全体でも、後者のクラン優先を否定する見解が七一%を占めたが、プントランドでは八六%と最も高い結果となった。さらに、「よき市民」とは何かを問う質問項目も設けられている(質問項目四七)。この調査項目の結果は、ほかの地域と比べ、改めてプントランドに非常に特徴的な結果が出ている。ここには直接選挙の重要性や、コミュニティにおけるコンセンサスの形成への意識の強さ、そして政府への税金支払いの正当性への強い認識が示されている。

また、政府の樹立による統治に強い支持が示されており、その政府において行政サービスの質が悪い場合に政府への不満表出の必要性への強い支持が示されている。この点に見られるように、プントランドでは、「政府の説明責任能力」を重視し、政府を「被用者」として認識する傾向と一定の整合性を示している。ただし、「授業料や葬儀費用を個人的に選出議員に支援依頼」するという点には、政府への期待の一方で、クライエンテリズムとも解釈可能な傾向が他の地域よりも強く現れている。

ソマリアの現実の政治過程に対する認識

前項で見た政府や議会に関する規範的な認識とともに、この調査では、より具体的なソマリアの政治過程に関わる認識の調査も行われている。

質問項目一八では、二〇一二年九月に行われたソマリア連邦議会選挙の公平性に関する質問が設定されている。この質問に関する一つの特徴的な結果は、独立を宣言しているソマリランドの回答者の過半数(五三%)が、そもそもその選出についてよく知らないという回答を行っている点である。そして、この選挙に対しては、プントランドの回答結果も特徴的である。選出についてよく知らないという回答が二九%とほかの中南部ソマリアよりも高かったほか、「非常に公平」、あるいは「概ね公平」と回答した比率はそれぞれ八%、一七%と極めて低水準であり、不公平と回答した四六%(特に「非常に不公正」との回答は三一%)に及び、この選挙に対する不満が大きい傾向が示されている。

同じく、同年に行われたFGSの大統領選挙についても(質問項目二一)、類似の不満が見て取れる。ソマリランドは半数(五〇%)が選出についてよく知らないと回答している。そして、プントランドでも選出についてよく知らないという回答が三〇%とほかの中南部ソマリアよりも高かったほか、「非常に公平」、あるいは「概ね公平」と回答した比率はそれぞれ七%、一八%と極めて低水準であり、不公平との回答は四六%(特に「非常に不公平」との回答は三三%)に及んだ。

この選挙手続の際にも用いられた、ソマリアで従来採用されてきた四・五フォーミュラというクランごとの配分方式についても調査が行われている。この方式は、連邦議会の議員一三五名の構成に関する、クラン間の権力分有の仕組みとして以下で触れる暫定連邦政府(Transitional Federal Government: TFG)樹立時に用いられてきた配分方式である。ここでは、ダロッド、ハウィヤ、ディル、レウィンの四クラン(各三〇名)とともに、このクランから漏れる「少数派」と位置づけられたクランを〇・五という形で取り込み(一五名)、クラン間の対立を減じる試みとして導入され、継承されてきた。

ここでは(質問項目三二)、ソマリランド以外で質問調査が行われており、非常に不公平と回答した割合は平均で四七%、幾分不公平と回答した割合が一七%と過半数が不公平との認識を示しているが、プントランドでは非常に不公平の割合は八六%と突出しており、幾分不公平と回答した三%と合わせると九割に迫っており、他地域に比べ強い不満が示される結果となっている。この点については、USAIDのレポートでは、プントランドにおいては議員の間接選抜に対する否定的な姿勢との対応関係が指摘されている(USAID Somalia 2017a: 44)。この点については、類似の問題点が一部の研究でも指摘されている(Johnson and Smaker 2014: 16)。

こうした連邦政府レベルへの不信の一方で、特にプントランドでは、プントランド政府の大統領と議会への信頼(「大いに」と「幾分」の合計)が、他地域に比べ極めて高い傾向が示されている(質問項目二四）。特にＥＦＳでは、それぞれ五〇％程度なのに対して、プントランドは大統領への信頼が九〇％、議会への信頼が八九％と突出している。なお、別に行われているソマリランドでも政府への信頼は九〇％に上っている。

ソマリアにおけるアイデンティティ

この調査の中で、最も興味深い結果を示していると考えられるのが、アイデンティティに関わる地域差である。

ここでもプントランドは大きな特徴を示している。質問項目六五、六六では、ソマリ、あるいはソマリランダー（ソマリランド限定の質問項目）と呼ばれることにどの程度誇りを持っているかという設問である。全地域の平均では、非常に誇りを持っていると回答した比率は七七％で、幾分誇りを持っていると回答した比率一八％を大きく上回っているが、プントランドでは、非常に誇りを持っていると回答した比率は九〇％、幾分誇りを持っていると回答した九％を合わせると、九九％に上り、ソマリア全体でもソマリというアイデンティティを誇りにする傾向が強い。

これをさらに裏付けるのが、ソマリを構成するクラン・アイデンティティとの兼ね合いにおけるソマリ・アイデンティティの位置づけである。質問項目七二では、五つの考え方（ステートメント）の中で最も近いものを選択する設問になっている。①「ソマリとしか感じない」、②「帰属クランよりもソマリと感じる」、③「クランと同じ程度のソマリ意識がある」、④「ソマリよりも帰属クラン意識を感じる」、⑤「クランという意識しかない」、の五つである。①を選択した比率は、ソマリランドを除いた地域の平均では七〇％、②を選択した比率は同じく平均では二三％、③は五％、④と⑤はそれぞれ一％と、全体的傾向としてソマリという民族意識が強い傾向にはある。プントランドではこれが①八〇％、②八％、③二％、④と⑤はそれぞれ一％と、よりソマリという民族への帰属意識の強さが表れる結果となっている。

二　プントランドの特異性の背景

プントランドの樹立

プントランドはソマリアの北東部の「アフリカの角」の先端部をその主たる「領域」としている(図4-2を参照)。プントランドは一九九八年のガロウェ制憲会議を経て樹立されているが、この点を確認しておこう。北東地域における主要な政治勢力であったソマリ救国民主戦線(Somali Salvation Democratic Front：SSDF)を当時率いていたのは、アブドライ・ユースフであり、この地域の和平過程における中心となったのがＳＳＤＦであった。

ガロウェ制憲会議に先駆けて開催された協議(一九九八年二月二五日―二月一二日)において、ユースフの意向により、ソマリランドとの境界領域にあたるソール、サナーグに居住するクランであるワーサンゲリ、ドゥルバハンテが招かれている。この段階ではその一部が南部地域にも居住しているマレハンを除くダロッド・ファミリーを構成するクランが北東部における新政府樹立に向けた会合に参加した(マレハンのように居住地域がソマリア国内の他地域に拡散していることが、以下で見るように、プントラ

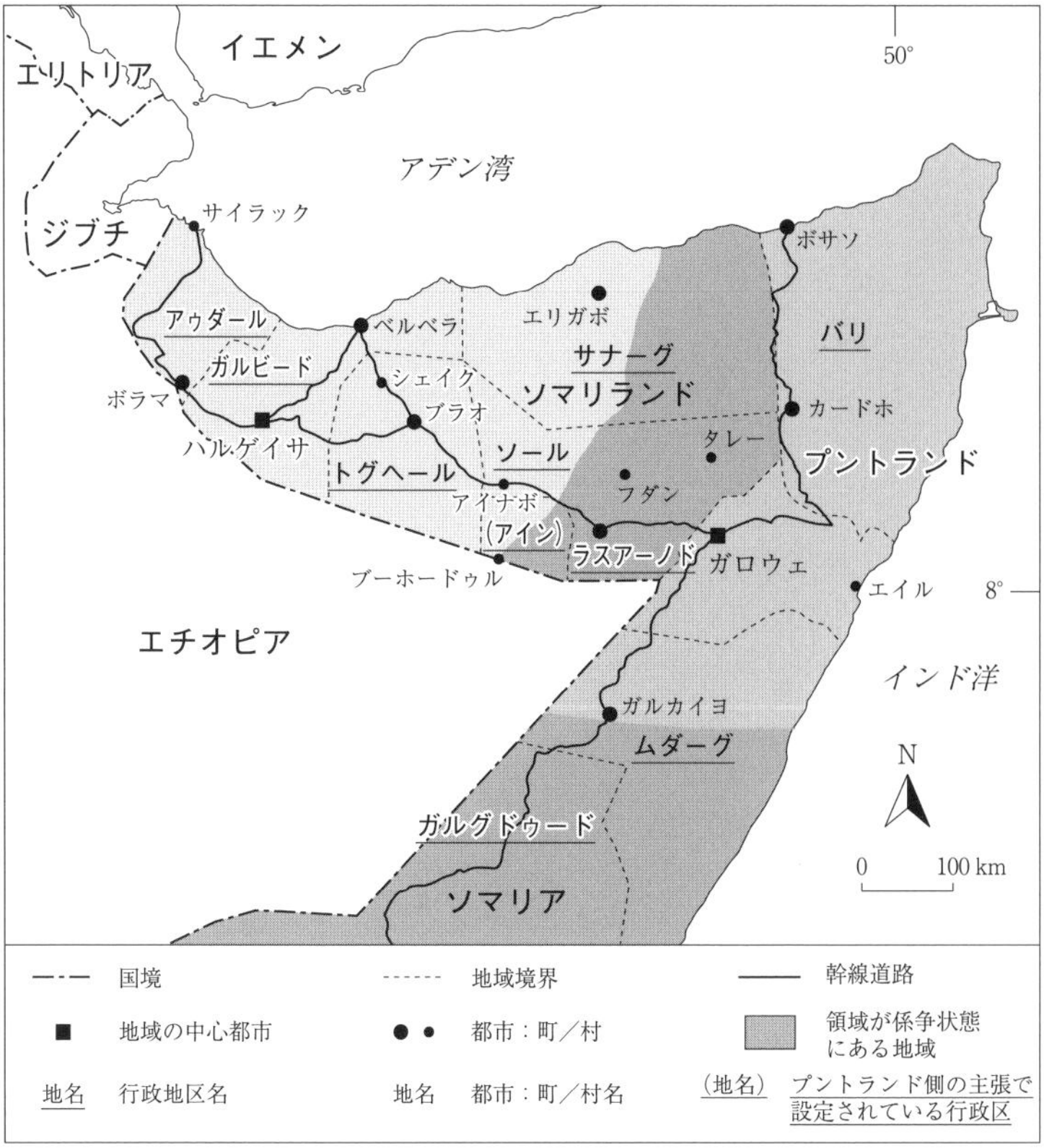

出所） Hoehne(2009: 256)をもとに筆者作成.

図 4-2 北部ソマリア

ンドが連邦制を指向した背景要因でもある)。この交渉過程において、ＳＳＤＦで主導権を握っていたユースフが優位な体制が作られていった。

ガロウェ制憲会議の本会合は一九九八年五―七月に開催された。この会合では、「ディアスポラ」を含む形で出席した、プントランドを構成すると想定されていたそれぞれの地域に議決に当たっての投票権が割り振られた。ここで特記すべきは、この会合において、一九九三年のソマリランドでの和解過程におけるボラマ会議に参加した経験を持つドゥルバハンテの長老も活躍したという点である。したがって、ドゥルバハンテの長老は二つの和解過程に関与するという事態が生じ、ソマリランドの制度を意図的に「複製」する形で導入した政府が樹立されることにつながった(ただし、プントランドではソマリランドと異なり長老院は設けられず、一院制が採用されるなど異なる点もあった)(Hoehne 2009: 262)。

こうした新たな政体の形成は、プントランドがソマリランドと同列の政体として形成されているという印象を国際社会に与えることを通じ、ソマリランドの「独立」を確実に阻止するという明確な動機に裏付けられるものでもあった(Hoehne 2010: 116)。この会合の結果、北東部の領域は、プントランドと名乗る選択をした。プントランドという名称は、古代エジプト時代にこの地域に存在していたとされる「プント王国」の名称を継承したものである(Brons 2001: 87)。

ここで重要なことは、プントランドはソマリランドとは異なり「独立」を望んだのではなく、将来的に統一を維持したソマリアにおける連邦国家の構成地域という性格が与えられた点である。さらに、プントランドという名称は極めて思慮深く用いられてもいる。第一に、歴史と政治的アイデンティティを想起させる工夫の下に系譜的な構築物としての正当性を付与しようとしている点、第二に、ソマ

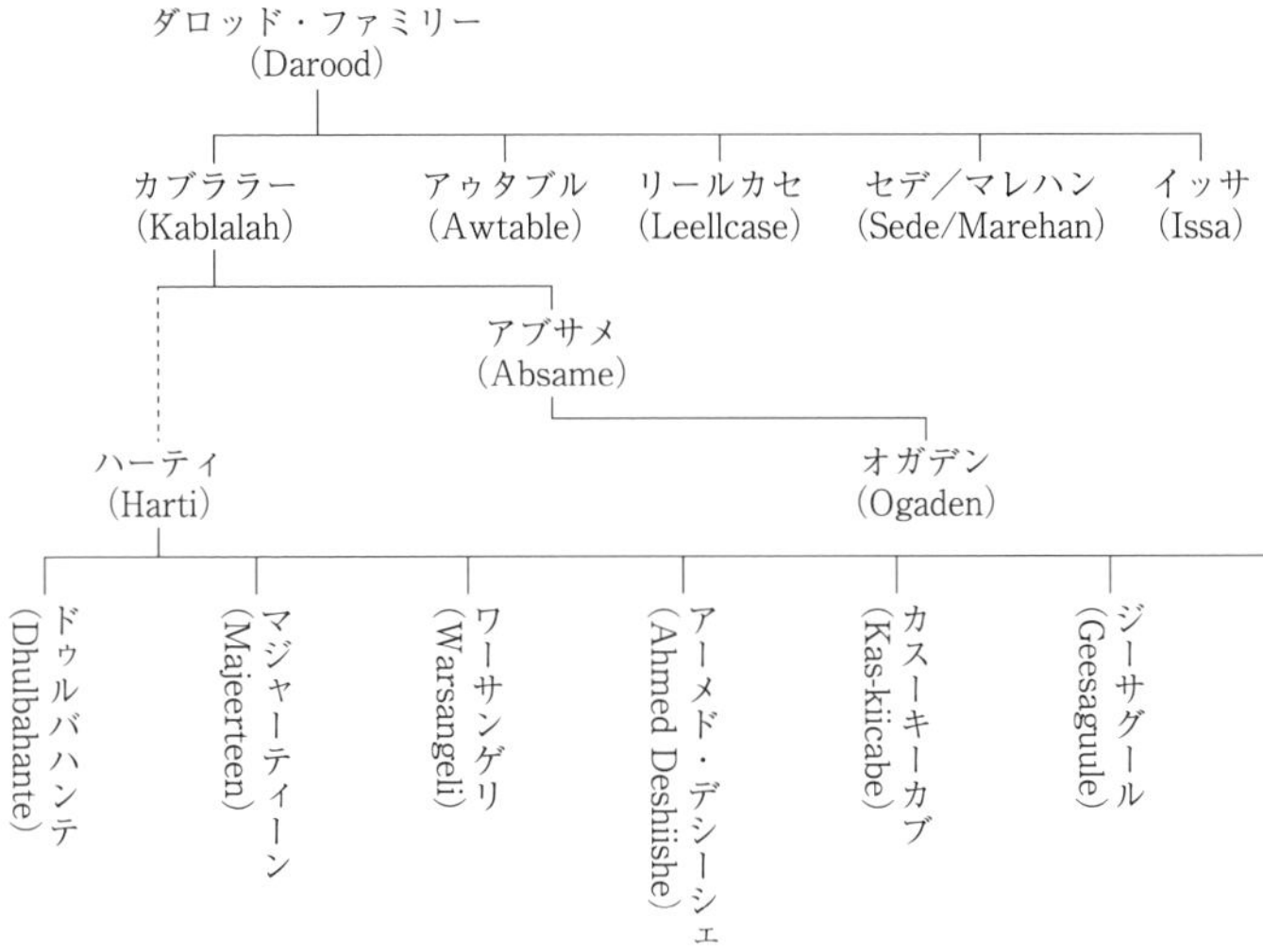

出所) Interpeace(2008: 11)のクラン系図をもとに筆者作成.

図 4-3 ダロッドのクラン系図(プントランド)

リランドが植民地期の英領をその版図として主張しているのに対して、プントランドはドゥルバハンテとワーサンゲリが居住している地域を含むことにより、ハーティというダロッドのクラン・ファミリーの居住地域としてプントランドの版図を主張していた点である(Hoehne 2009: 263)(図4-3を参照)。

結果的には、この両政体がそれぞれ異なる根拠に基づいて境界を主張したことによって、両政体間の境界が未確定状態となったほか、この地域における両政府の対立と不安定化を招いてきた。そして、こうした主張を通じてプントランドはソマリアとしての統一を維持するという政治目標の実現に与することで、結果的にソマリランドの国家承認をより困難にする状況を作り出してもきた。

プントランドにおける国家観

このようなプントランドの政治的指向性が、前半で見た世論調査における、特定のクランではなくソマリへの帰属の強さに結びついていると考えられる。北部ソマリアにおいては、その地域ごとの和解の帰結として、将来的なソマリアという国家のあるべき方向性をめぐりソマリランドに見られるように「二つのソマリア」(ソマリアとソマリランド)の可能性を模索する政体と、プントランドに見られる「一つの統合されたソマリア」の維持を目指す政体の競合が生じる結果となったわけである(2)。

プントランド政府樹立後、両政体の間では、政治家のレベルにおいて、双方が興味深いアイデンティティ・ゲームを繰り広げているという指摘がある(Hoehne 2009: 265-266)。言い換えると、プントランド側から見れば、ソマリランドという名称が用いられている地域は「イサックランド(Isaaqland)」(ソマリランドに多く居住するイサックというクランの地)と認識すべきものであり、ソマリランド側から見れば、プントランドと称されている地域はハーティの主要クランである「マジャーティーンの地」(Majeerteeniya)と認識されている。ソマリランドにとっての境界は国際法的に極めて領域的な意味を有しているものの、プントランドにとっては国際法上の領域というよりはハーティとしての一体性と、ソマリアの統一を維持するという極めて政治的な意味が込められている。

その後、SSDFを主導したユースフは二〇〇二年にエチオピアの支援を得る形でプントランドの大統領に就任した。その後、東アフリカの地域機構である政府間開発機構(Inter-Governmental Authority on Development: IGAD)を中心とした、ソマリアの政権樹立の試みのイニシアティブによって行われたケニアのナイロビでのソマリア国民平和会議を踏まえ、二〇〇四年二月に憲章が採択され、八月に暫定連邦議会が設立、そして一〇月にはプントランドの大統領職にあったユースフが暫定連邦議会の結果を受けて大統領に選出され、プントランド大統領の職を離れた。ユースフのTFG大統領就任に伴い、統一的なソマリアを実現するという旗印の下に、プントランドの軍隊の要員を南部に徴用したほか、プントランド政府にTFGへの多額の財政支援を求めるなど、ソマリアの和平プロセスの関与は、プントランドの自治に負の影響をもたらした面もある(Dill 2010 : 292–293)。

ソマリランドを除くと、より不安定な中南部地域と比べ、プントランドは一定の制度化の試みがなされてきた経験があることから、様々な課題はあるものの、他の地域に比べ相対的に政府への信頼が高く、政策的にも公平な取り扱いを受けているという評価につながる傾向が見られることは、一定の妥当性を有している。しかし、先に見たように、プントランドでは「政府の説明責任能力」を重視する点が特徴的であったことは、一定の制度化が進められてはいるものの、十分な説明を伴わないTFG向けの財政支出や、直接選挙の実施が延期されるなどの課題を意識させる結果につながっている。さらに、ユースフを筆頭として一部の政治家の中には、プントランド政府以上に「中央政府」であるTFGやその後のFGSへの関心を強くする傾向があることに対する、プントランド住民の不満の表れという可能性も指摘できる。

こうした特徴は、プントランドにおいては、他の地域では政府を「両親」として位置づける傾向が強かった傾向と比較して、より「被用者」として人民に奉仕する位置づけを与える傾向が強い点とも整合的な傾向と考えることができる。

さらにこの点は、プントランドでは、直接選挙の重要性やコミュニティにおけるコンセンサス形成への意識の強さ、そして政府への税金支払いの正当性への認識の強さなどの点に特徴付けられる「市民」意識が、他地域に比べて涵養されている可能性がある点とも一定の関連性がうかがわれる。この点は、SPSでの質問項目四五における民主主義に関わる質問項目で、プントランドが他地域に比べより高い支持を得ている傾向と整合的な結果である(USAID Somalia 2017c：A-126)。

ソマリア連邦政府の樹立

既述の通りソマリアにおいてFGSが樹立されたのは二〇一二年であった。二〇一二年に入ると、カンパラ合意の下で、八月二〇日を期限とするTFG後の新政府樹立に向けた国際社会主導の取り組みが行われた。しかし、期限までには、クランの長老が提出した名簿から資格審査を行う委員会の審査を経て選出された二一五名(定員二七五名)からなる新連邦議会(下院)が設立されるにとどまり、暫定憲法上規定のある上院の設立や新大統領選出は大幅に遅れた。九月に入ってようやく、八月に任期が切れたTFGの後に設立された新連邦議会において、新大統領としてハッサン・シェイク・モハムッドが選出され、新大統領に一〇月に任命された新首相アブディ・ファラ・シルドンの下で、一一月に一〇名の新閣僚が指名され、新内閣が発足した。シアド・バーレ政権崩壊後、国際的な承認を受ける初めての政府であるFGSがようやく樹立されたのである。

しかし、FGSは当初から極めて不安定な政権でもあった。二〇一三年一二月にはシルドン首相が連邦議会で不信任決議を受け、その代わりにアブディウェリ・シェイク・アフメドが新たな首相として任命された。さらにその一年後には、アブディウェリ首相が連邦議会で不信任決議を受け、プントランド出身(クランはマジャーティーンのオスマン・モハムド)のオマール・アブディラシッド・アリ・シャマルケが新首相として任命されるなど、FGS政権内の対立が続くことになった。

後継の政権を決める選挙の実施が予定されていたのが、本章前半で紹介した世論調査が行われていた二〇一六年であった。この選挙の実施に際して、連邦制を構成するEFSの樹立が準備される動きが見られた。ケニアに近接するジュバランド州暫定政府が、二〇一四年末に他のEFSの樹立の先行モデルとして設立されたことを背景に(Mosley 2015)、サウス・ウエスト州暫定政府、ガルムダグ州暫定政府、そして最後にヒールシャーベル州暫定政府が二〇一六年一〇月までに樹立された。

こうしたEFSの中で、プントランドの動静と大きな関係を持つことになったのが、ガルムダグであった。プントランドの南部に位置するガルムダグの樹立により、ソマリア第三の都市で商業都市でもあるガルカイヨをめぐり、プントランドとガルムダグの間にその領有権問題が生起することになった。二〇一六年には、それぞれの州を支持する民兵間の戦闘で二〇名に上る死者が出る衝突事件が生じている。この点は、SPSにおけるプントランドのガルムダグ州形成への否定的な見解にも示されている(USAID Somalia 2017c：A-104)。

世論調査の紹介の冒頭で、プントランドでは、この国の方向性について、相対的に悪い評価が行われている点を指摘した。その原因については様々な可能性がありうる。連邦体制の形成をもともとは望んでいたはずのプントランドが置かれている現状に対する、住民の不安や不満がその背景にあるという解釈は可能であろう。EFSの樹立に伴う新たな領有権問題の発生はその一つであろうし、ソマリア連邦議会選挙や大統領選挙の実施手続への不満や、その選出手続における四・五フォーミュラの継続的運用への不満もその要因となっている可能性がある。

結果的には、より身近に存在するプントランド政府への一定の期待は抱きつつも、新たに樹立された現実のFGSに対する不満が併存する状況を映しているものと解釈できる。この点は、プントランド州政府がFGSよりもより権限を持つことを支持する傾向が示されている点とも符合する(質問項目四二)ほか、州政府が主なサービス提供を行っている領域(衛生、医療、治安、教育など)に高い満足度が示されている点とも整合的である(質問項目五〇、五一)。

おわりに

崩壊国家という中央政府を喪失した文脈の中で、ソマリアではそれぞれの地域において固有の経験をしてきた。それ故に、SPSという世論調査結果に示されているような、地域的に異なる、そして競合する国家観が併存する状況が生まれてきた。これは、冒頭でも触れた「ビルディング・ブロック」アプローチの下での、ソマリアという国家の再建に向けた取り組みの今日的帰結でもある。その中でもプントランドは、長期的には連邦制としてのソマリアという国家の「再建」を期待しつつも、現実に現れてきたFGSの作られ方には大きな不満を有し、より近接的なプントランド州政府に期待するという特徴を抱える地域として形成されてきた。ソマリという民族アイデンティティを強く意識しつつも、同時にソマリランド、さらにはガルムダグとの境界問題を抱えるといった状況ゆえに、プントランド州政府の役割に期待し、そのより民主的な体制の形成への希求が見え隠れしている。

しかし、本章で示したとおり、プントランドはソマリアという国家の文脈においては、他地域とは異なる特性を持っており、他地域（他の州）がプントランドの国家観に収斂していく可能性は低い。さらにソマリアとしての統一の維持という理念と、現実の中央政府の形成への不満という理想と現実の乖離を、プントランドの事例はよりよく示している。したがって、ソマリアは当面、一つの国家像を結ばない揺らぎの中にその特徴を示していくと考えられる。実際には、そのまとまり方（一体性）も極めて緩やかなものにとどまり、連邦制も不安定な軌跡を描かざるを得ないのであろう。

注

（1） 本調査に関する詳細は、USAID Somalia（2017c）を参照のこと。
（2） 両政体の競合関係に関する詳細については、遠藤（二〇一五、二〇一六）を参照のこと。

参考文献

遠藤貢（二〇一五）『崩壊国家と国際安全保障――ソマリアにみる新たな国家像の誕生』有斐閣
遠藤貢（二〇一六）「クラン小国家的主体形成の可能性と課題――北部ソマリアにおける国家と社会の交錯」、遠藤貢編『武力紛争を越える――せめぎ合う制度と戦略のなかで』京都大学学術出版会
Brons, Maria H.（2001）*Society, Security, Sovereignty and the State in Somalia: From Statelessness to Statelessness?* International Book.
Bryden, Matt（1999）"New Hope for Somalia? The Building Block Approach," *Review of African Political Economy*, 26（79）.

Dill, Janina (2010) "Puntland's Declaration of Autonomy and Somaliland's Secession: Two Quests for Self-Governance in a Failed States," in Marc Weller and Katherine Nobbs eds., *Asymmetric Autonomy and the Settlement of Ethnic Conflicts*, University of Pennsylvania Press.

Hoehne, Markus V. (2009) "Mimesis and Mimicry in Dynamics of State and Identity Formation in Northern Somalia," *Africa*, 79(2).

Hoehne, Markus V. (2010) "People and Politics along and across the Somaliland-Puntland Border," in Dereje Feyissa and Markus V. Hoehne eds., *Borders and Borderlands as Resources in the Horn of Africa*, James Currey.

International Crisis Group (2009) *Somalia: The Trouble with Puntland*, Policy Briefing No. 64, ICG.

International Crisis Group (2013) *Somalia: Puntland's Punted Polls*, Africa Briefing No. 97, ICG.

Interpeace (2008) *The Puntland Experience: A Bottom-up Approach to Peace and State-building*, Interpeace.

Johnson, Martha C. and Meg Smaker (2014) "State Building in De Facto States: Somaliland and Puntland Compared," *Africa Today*, 60(4).

Lyons, Terrence and Ahmed I. Samatar (1995) *Somalia: State Collapse, Multilateral Intervention, and Strategies for Political Reconstruction*, Brookings Institution.

Mosley, Jason (2015) *Somalia's Federal Future: Layered Agendas, Risks and Opportunities* (*Research Paper*), Chatham House.

USAID Somalia (2017a) Somali Perceptions Survey, Part 1: The Emerging Federal States, Mogadishu, and Puntland.

USAID Somalia (2017b) Somali Perceptions Survey, Part 2: Somaliland.

USAID Somalia (2017c) Somali Perceptions Survey, Annexes.

II

再建と国家変容

第5章 変容するイラクの国家観
——紛争の影響をはかる——

山尾　大

はじめに

非国家主体が紛争を契機に既存の国境を越えたネットワークを構築し、その影響力が拡大していった典型的な例の一つと考えられているのが、イラクである。とりわけ二〇〇三年の米軍を中心とする軍事侵攻（イラク戦争）後には、米軍の占領政策に反対する過激派が流入して紛争が拡大し、内戦状態に陥った。その後、既存の国民国家を破壊してイスラーム国家の建設を目指す「イスラーム国（ＩＳ）」が複数の主要都市を占領し、拠点を築いた。このＩＳに対抗するために動員された多様なシーア派民兵集団は、隣国イランの全面的支援を受け、シーア派ネットワークを用いた活動を展開した。こうしてイラクでは、非国家主体による越境的ネットワークが紛争を契機に拡大していった。

これらの非国家主体の強さや越境的ネットワークの役割は、先行研究でも繰り返し指摘されてきた。たとえば、イラク戦争で旧バアス党政権が崩壊した後に強化されるようになったのは、シーア派イスラーム主義のトランスナショナルな繋がりであった。これを反映し、シーア派の台頭を強調する議論や(Nasr 2006)、イランのシーア派地域への影響力を強調して「シーア派三日月地帯」と呼ぶ議論(Satloff 2005)、イラク、イラン、そして湾岸諸国でそれぞれ異なる要素を持ちつつも、トランスナショナルなシーア派政治が形成されたことを論じる研究がある(Louër 2008; Matthiesen 2014)。また、昨今イラクや中東政治研究で頻繁に取り上げられるようになったスンナ派とシーア派の宗派対立も、上述の越境的ネットワークによって助長されているとの主張は多い(Matthiesen 2013, 酒井二〇一五)。加えて、内戦や政治対立の激化、ＩＳの台頭やそれに対する民兵の形成が、宗派対立を促進し、既存国家やその枠組みの脆弱化につながっているということがしばしば指摘されてきた(山尾二〇一五)。いずれにしても、非国家主体による越境的ネットワークが紛争を契機にその影響力を拡大したという認識は、ほぼ通説になってきた。

だが、はたしてこれは本当なのだろうか。というのも、本章で詳しく述べるように、筆者たちがイラク国内で独自に実施してきた世論調査からは、上記のような非国家主体に対する人々の信頼や期待は決して大きくないことが明らかになったからだ。もし我々の調査結果が正しいとすれば、紛争の結果、肥大化した越境的ネットワークが人々に大きな影響を与えているとの通説を、今一度見直す必要がある。

戦後イラクでは、非国家主体の越境的ネットワークが本当に影響力を増大させたのだろうか。本章では、この問いに答えることによって、このネットワークを増強させたとされる紛争が人々の「国家観」の形成と変容に与えた影響を明らかにする。ここでいう国家観とは、人々が有する国家や国民の枠組みを指す。

この問題を解明するために、イラク戦争やその後の紛争を契機に、非国家主体による越境的ネットワークが拡大したとされる状況を、歴史と現状をともに概観したうえで、こうした非国家主体や越境的ネットワークに対する人々の意識、既存の国家機構や政治エリートに対する信頼や期待について、二〇一七年世論調査データの記述統計を用いて明らかにする。この結果をもとに、戦後イラクで人々の国家観に最大の影響を与えていると考えられる「旧バアス党体制の支持者をどの程度新しい国作りに包摂すべきか」という問題に、紛争がいかなる影響を与えたのかを、IS台頭前後に我々が行った四つの世論調査データを計量分析することで浮き彫りにする。以上を通して、紛争がいかに国家観に影響したのかを解析したい。

一　肥大化する非国家主体と越境的ネットワーク

シーア派イスラーム主義政党と国際性

イラク戦争後に越境的ネットワークの力が強くなった典型的な例として、旧バアス党体制下で亡命していた勢力が凱旋帰国し、政権の中枢を担うようになった点が挙げられる。元反体制派は、共産党などの左派から王制派、イスラーム主義勢力まで多様であったが、共通しているのが、英国などの欧州や、シリア、イランなどの中東諸国で長らく亡命活動を行い、戦後も亡命時代に築いた越境的ネットワークを保持したまま政治参加したという点である。とりわけシーア派を中心とするイスラーム主義勢力は、イランとの強い人的繋がりを維持している(Jabar 2003, 山尾二〇一一)。

たとえば政権党中枢のイラク・イスラーム最高評議会(ISCI)とその軍事部門であったバドル軍団は、イランの革命防衛隊との強力な人的繋がりを持つ。バドル軍団司令官のハーディー・アーミリーは、イラン革命防衛隊の訓練を受けてイラン・イラク戦争の前線で戦った経験を持っており、ISCIの初代議長マフムード・ハーシミー・シャーフルーディーは、亡命後長らくイランの司法長官を務めた。戦後三期にわたり首相を輩出してきたダアワ党も、イランに加え、シリアや英国のシーア派コミュニティと強固なネットワークを有している。イランとの関係は、政権のみならず、シーア派宗教界の中心があるコムとのあいだにも見られる。一九八〇年代半ば以降、コムのカーズィム・ハーイリーや、レバノンのムハンマド・フサイン・ファドルッラーといった有力ウラマー(宗教学者)は、長らくダアワ党の思想変容に甚大な影響を与えてきた(Shanahan 2005)。このように、戦後の政権中枢を担うイスラーム主義政党は、人的・思想的にイランを中心とするシーア派のトランスナショナルなネットワークを有しているのである。

シーア派宗教界のトランスナショナリズム

同じように、戦後イラク政治の重大局面で大きな発言権を有しているシーア派宗教界の国際性も見逃せない。イラクにはナジャフとカルバラーを中心とする四つの聖地(アタバート)があり、そこに作られた宗教界は、国境を越えてウラマーや学問、宗教税徴収のネットワークを構築してきた。こうした繋がりに加え、一般信徒の巡礼や宗教行事に際した移動もまた、国境を越えたシーア派としてネットワークを構築する契機となってきた(Litvak 1998; Nakash 1994; Shanahan 2005)。

こうした越境的な繋がりは、シーア派インターナショナル(Shi'i international)と呼ばれることがある(Mallat 1993)。そしてこのシーア派国際主義が、イラク戦争後にイラン、イラク、レバノンのあいだで拡大・強化されていったというわけである。現在の宗教界最高権威スィースターニーは、そもそもイラン人であるが、二〇〇五年の制憲議会選挙実施やIS台頭後のシーア派民兵の動員、そしてアブドゥルマフディー首相の辞任など、戦後イラク政治の岐路に決定的な影響を及ぼしてきた。

非国家主体の越境的ネットワーク

もう一つ、非国家主体が織りなす越境的なネットワークが顕在化したのは、ISの台頭であろう。周知の通り、ISはウェストファリア体制の破壊、既存国境の破壊、イスラーム法の支配するイスラーム国家の形成、カリフ制の再構築を主張した。実際、ISはシリアとイラクの国境をブルドーザーで破壊した動画をSNS上で配信し、植民地主義に対する勝利と喧伝した。

それに加え、シーア派の殺害を主張したISからシーア派コミュニティを守るために多種多様なシーア派民兵組織が動員され、それに対してイランから多様な支援がなされた。これらの民兵組織は、人民動員隊として緩やかに統合され、後に公的組織となったが、これらをイランの革命防衛隊が全面的にバックアップした。イランの支援は軍事訓練や部隊の派遣、武器などの装備の提供にとどまらず、情報・ロジスティクスの提供や炊き出しにもおよんだ(山尾未刊)。人民動員隊内で最大の勢力となったのは、もとより革命防衛隊と強固なコネクションを有していたバドル軍団であった。バドル軍団は、

ＩＳ掃討作戦で拡大した影響力を背景に二〇一八年選挙で第二党に躍進した(ファタハ同盟)。こうしてＩＳの台頭で非国家主体の越境的なネットワークがますます肥大化した――ように見えた。だとすれば、こうした非国家主体の越境的ネットワークは国民の支持を受け、紛争を契機にオルタナティブな国家観の形成に帰結しているのだろうか。

二　否定されるオルタナティブな国家観――信頼されない非国家主体

信頼されない非国家主体

それを確かめるために、二〇一七年七―九月にバグダード大学の全面的な協力を得て、イラク国内で男女一〇〇〇人を対象に実施した世論調査の結果を見てみよう[1]。上述のように最も代表的な非国家主体として人民動員隊を取り上げ、それがどの程度信頼されているのかを確認したい。

世論調査では、信頼度を図るために、「強盗に襲われたとき誰によく相談しますか。順に三つ答えてください」と質問した。その回答をまとめたのが図5-1である。ここからわかる通り、治安・犯罪にかかわる問題については、警察や家族親族への相談が多く、人民動員隊に相談すると答えた者はほとんどいない(一番目一・四%、二番目一・七%、三番目三・三%)。これは、調査を実施した二〇一七年当時の人民動員隊の影響力に鑑みるならば、想定外の結果であろう。というのも、人民動員隊がいなければＩＳを駆逐することができなかったのは否定できない事実であり、人民動員隊の影響力はかなり高いと考えられてきたからだ。他方で警察機構の影響力はほぼなかった。にもかかわらず、こうした

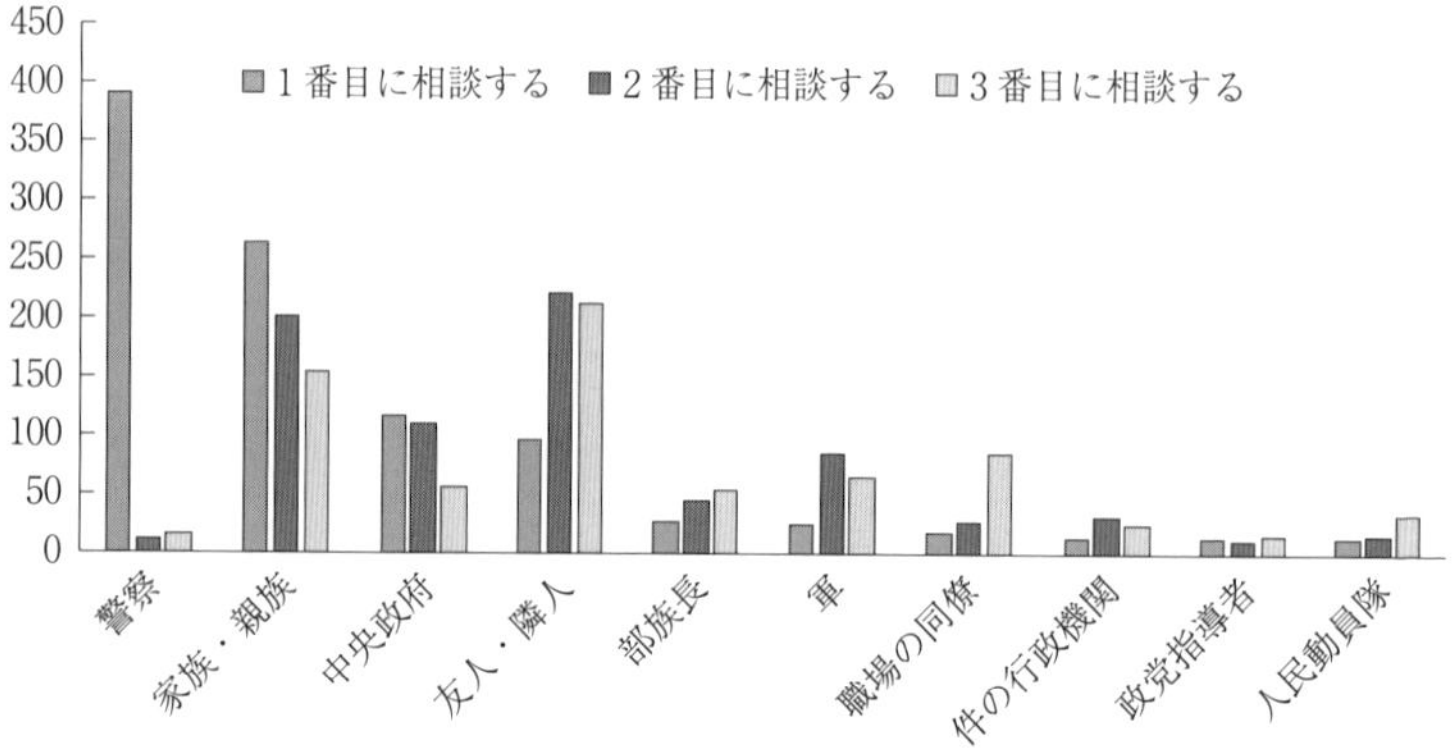

注） 人民動員隊よりも度数の低い選択肢は省略した.
出所） Yamao(2018)をもとに筆者作成.

図 5-1 強盗に襲われた時によく相談する相手(度数)

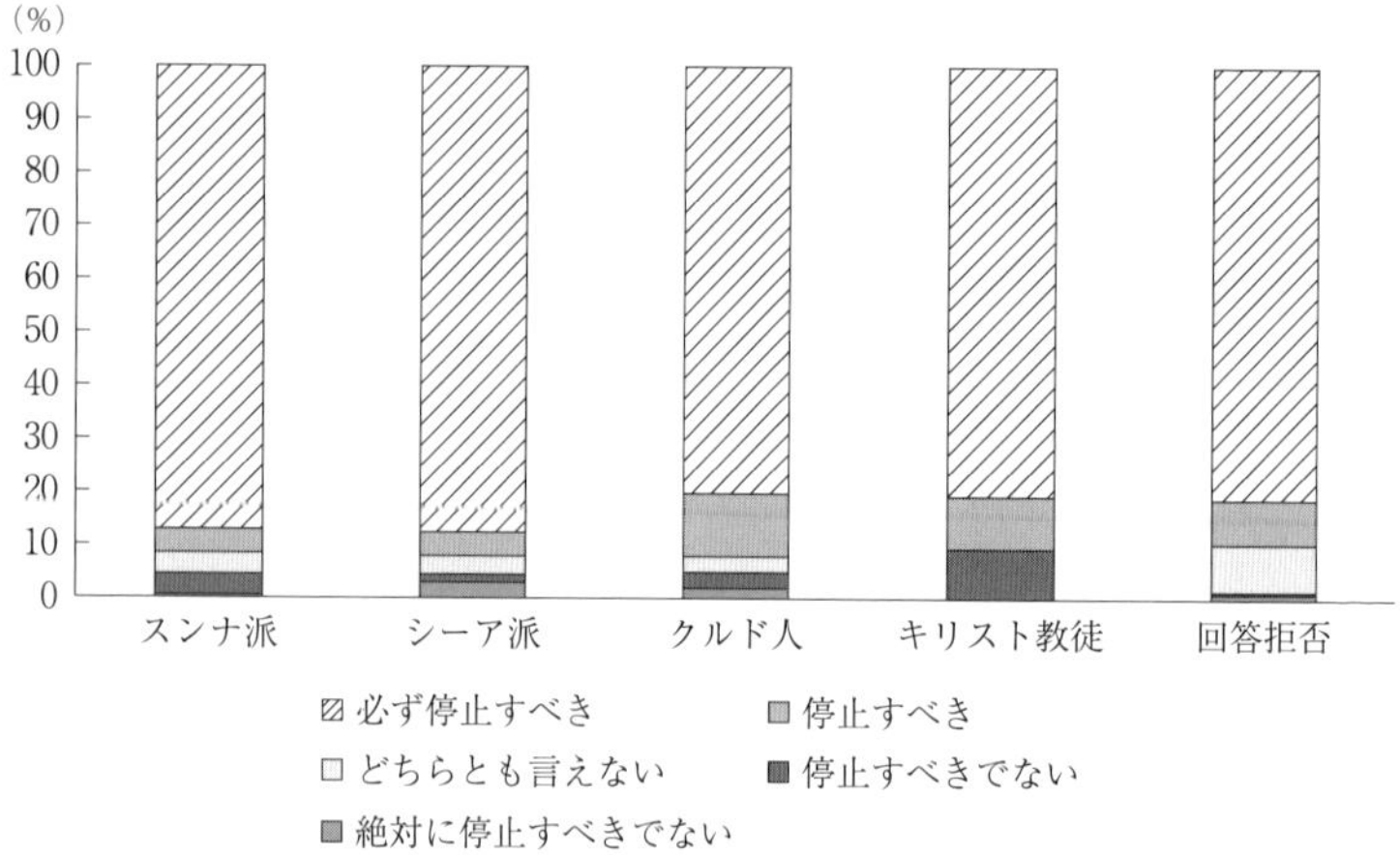

出所） 山尾(2019)をもとに筆者作成.

図 5-2 民族宗派集団ごとのイランの介入に対する姿勢

結果が出たのは、人民動員隊に対する信頼や期待が、想定されていたよりもはるかに低かったからだろう。いずれにせよ、IS掃討作戦のために動員された人民動員隊に対し、警察機構に代わる役割を果たすべきだという期待や信頼があったわけではないのである。

人民動員隊に対する信頼欠如の一因は、人民動員隊とイランとの関係に求められるだろう。二〇一八年の世論調査では、「イランからの外部介入をどの程度なくすべきだと思いますか」という質問をしており、その回答を民族宗派集団ごとに整理したのが図5-2である。ここから明らかなように、民族集団にかかわらず(同じシーア派でさえ)、イランの介入に対して強い拒否姿勢を示していることがわかる。これは、イラク国内に明確な嫌イラン感が広がっていることを証明している。

国家機構への信頼の欠如

非国家主体に対する信頼度が低いのだとすれば、既存の国家機構は信頼されているのだろうか。同じように、二〇一七年調査での「次の組織をどの程度信頼しますか」という質問について、首相、政党、宗教指導者、部族長への回答を民族宗派集団ごとに示したのが図5-3である。

ここから明らかなように、首相や政党といった公的な国家機構に対する信頼は、いずれの民族宗派集団も著しく低い。特に政党については、スンナ派もシーア派も、「とても信頼する」や「信頼する」と回答した割合は一割にも満たない。国家機構ではないが、伝統的に強力と考えられてきた指導者はどうだろうか。宗教指導者や部族長に対する信頼も、いずれの集団においても低いことが明らかになった。宗教色が強いとされてきたシーア派ですら、宗教指導者を「とても信頼する」と回答したのは

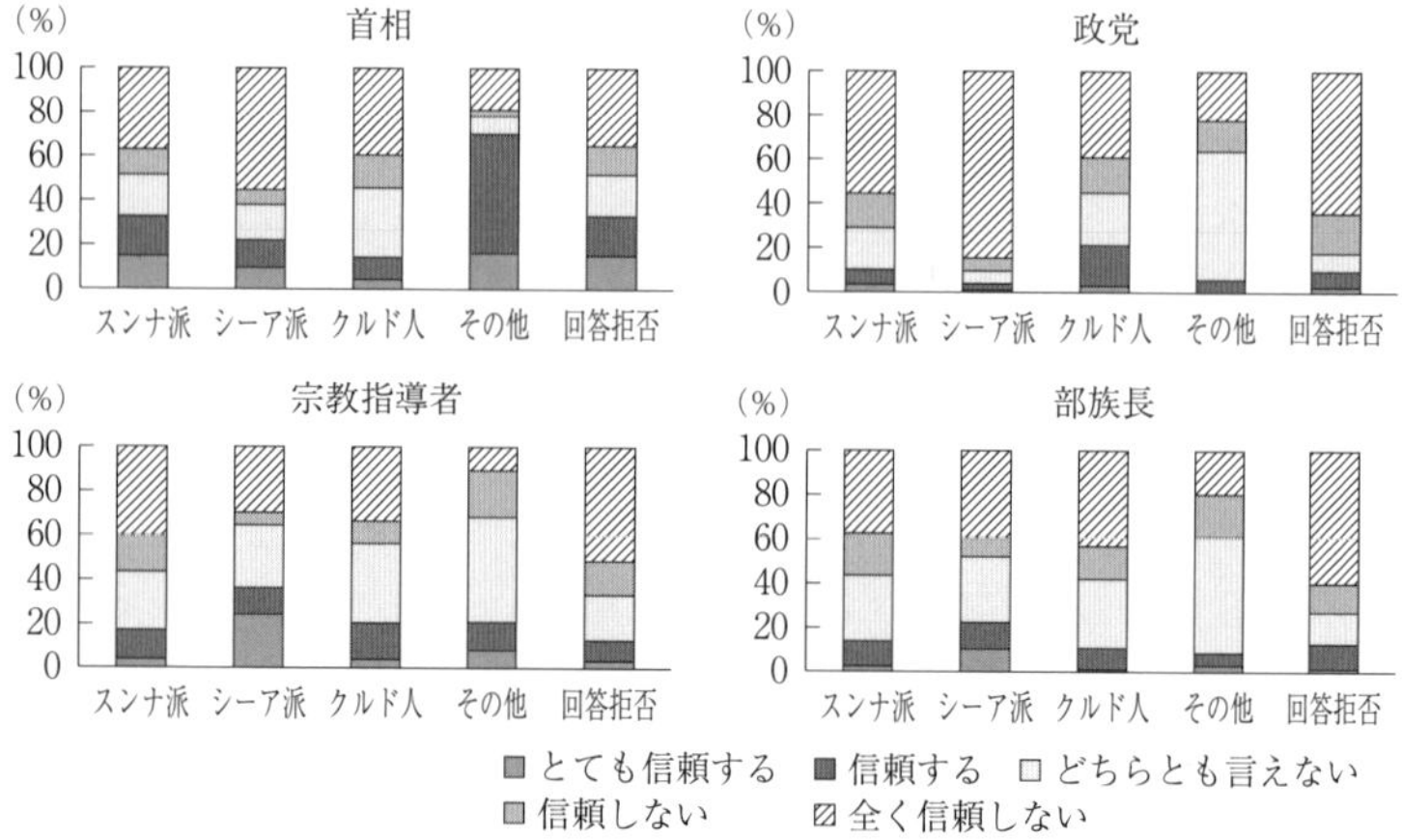

出所）Yamao(2018)をもとに筆者作成.

図 5-3　民族宗派集団ごとの首相, 政党, 宗教指導者, 部族長への信頼度

二割強に過ぎず、同様に部族の影響力が強いとされてきたスンナ派でも、部族長を「とても信頼する」との回答は〇・五％にも満たない。このように、既存の国家や国家機構に対する信頼も、公的制度への信頼も、伝統的な指導者に対する信頼も、みな失墜しているのである。

強いナショナリズムと国家が果たすべき役割への期待

信頼度と対極にあるのが強烈なナショナリズムである。「イラク国民主義をどの程度支持しますか」との質問に対し、「強く支持する」が六三・三％、「支持する」が一九・三％で、合計八二・六％という結果になった。また、「イラク人としての意識とまとまりの強化に取り組むことはどの程度重要だと思いますか」という質問に対しては、「とても重要」（七八・五％）と「重要」（一三・八％）を合わせて九二・三％と、圧倒的多数の支持を得ていることがわかった。

ナショナリズムの強さは、既存の国家枠組みに対する支持にも顕著に見られる。我々は、国際的に承認された国境線を記した地図を提示し、この国境線を変更してもよいかどうかを尋ねた。その回答を民族宗派別に示した図5-4からわかるように、独立を希求するクルド人を除いて、スンナ派もシーア派も七割以上が否定的な意見を持っている。国境線の変更に賛同するのは一割に満たないのである。つまり、既存国家機構への信頼はないが、イラクという国家の枠組みの変更は希求していない、ということになる。

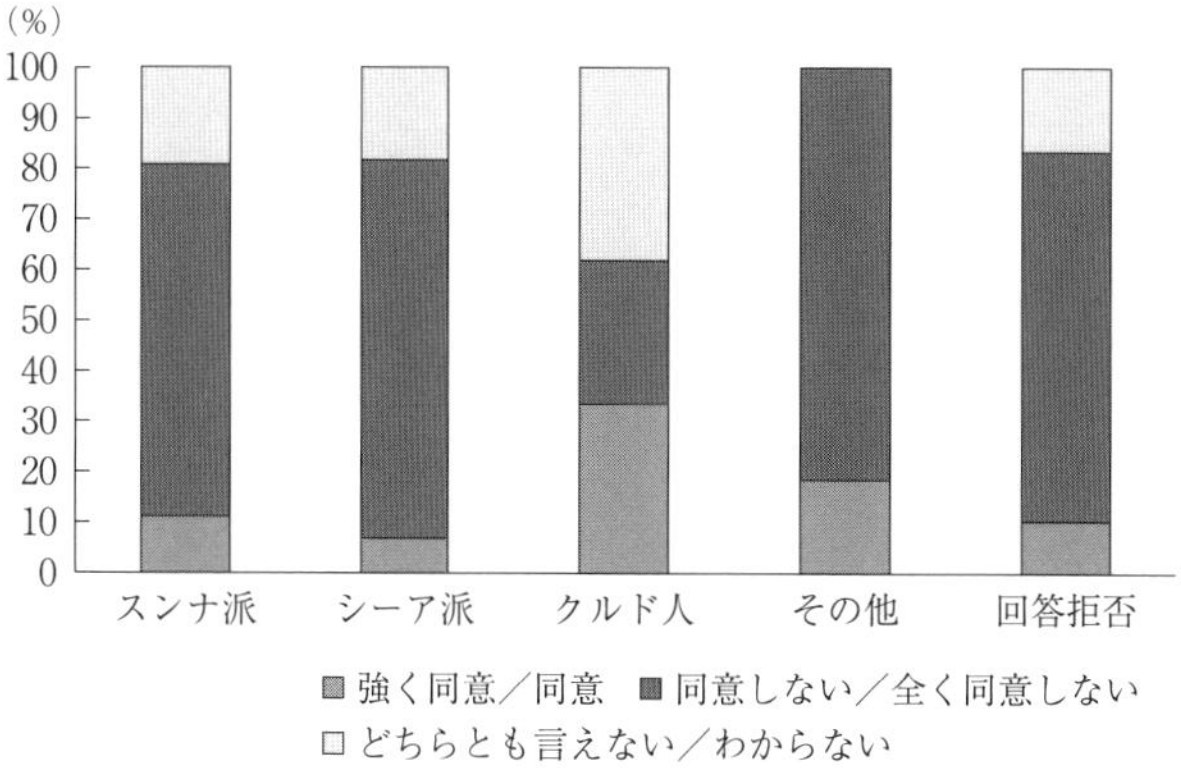

出所） Yamao(2018)をもとに筆者作成.

図5-4 民族宗派集団ごとの国境線の変更に対する姿勢

　言い換えるなら、ナショナリズムが強いからこそ、果たすべき責任を怠る既存の国家機構に対する信頼の欠如が顕著に現れたのではないか。その裏返しとして、国家機構や政治エリートが本来の役割を果たすべきだという期待も同時に表明される。たとえば「道路、学校、病院が足りないとき誰によく相談しますか。三つ答えてください」との質問に対して、一番目に相談する対象は中央政府が最も多く三六・七%で、続く市役所と県議会を合わせると全体の七八・二%を公的な国家機構が占める。このように、イラク人はインフラ整備を本来国家が果たすべき役割であると認識しているのである。

すなわち、戦後イラクで非常に強い影響力を持つようになったと考えられてきた非国家主体やその越境的ネットワークには、実際はほとんど支持が集まっておらず、それらに代替的な国家の役割を期待しているわけではないのである。そうではなく、人々は、既存の国家機構や政治エリートを、本来の役割を果たしていないがゆえに信頼には足りないが、とはいえ、排除や破壊の対象と考えているわけではなく、本来の役割を果たすべきだという期待の対象と認識しているのである。重要なのは、イラク人は紛争を経ても、越境的ネットワークを有する非国家主体にオルタナティブな国家像を見ていないという点である。これは通説とは反対の想定外の結果である。

三　新たな「国家観」をめぐる競合——計量分析から

国家観のどの要素をめぐって競合しているのか

とはいえ、あるべき国家観が収斂しているとは言えない。既存の国家の枠組みを変更するつもりはないという点では人々の認識は共通している。だが、既存政府や政策、指導者に対する著しい不信がある点に鑑みるならば、戦後イラクで競合しているのは、既存の国家枠組みのなかで、誰がどのような形で権力を掌握するのか、あるいはその仕組みをどうするのかという問題である。その証拠に、「最も重要な政策を一つ選んでください」という質問に対する回答は、上位から汚職対策(二五%)、機能する政府の形成(一六・四%)、治安(一四・四%)、コミュニティの秩序安定(一三・九%)と生活に直結する政策課題に集中している。

さらに重要なのは、戦後イラクの新しい国作りのなかで、誰がその構成員となるべきかをめぐる問題である。つまり、イラクで争点となり、紛争によって最も影響を受けた国家観とは、国民の枠組みや国民統合をめぐるそれであり、より具体的には、「旧体制派をどの程度国家形成のなかに組み込むか」という問題に他ならない。最後に、紛争がこの問題にどのような影響を与えたのかを考えたい。

データと計量分析のモデル

そのために、「旧体制派との国民対話を通した和解の実現をどの程度重要だと思いますか」という質問への回答を従属変数とする順序ロジット分析を行い、それがIS台頭前後でどのように変化したかを解析した。(2) 使用したのは我々の世論調査のプールデータ(二〇一一、一六、一七、一八年調査)で、IS台頭前は二〇一一年調査で、IS後はそれ以外の三回のデータで示される。(3)

ここでの最大の関心は、ISがもたらした紛争が国家観に与える影響である。したがって、ISの影響を図る重要な独立変数として、「紛争強度」を投入した。紛争強度は、NGOのイラク・ボディーカウントのデータベースからISによる死者数のみをダウンロードし、(4) 一〇〇で割った数をリコードした。これはISの影響力を示す指標として用いた。さらに、IS前後の変化を調べるために、各年の調査データをダミー変数で投入した。それに加え、紛争の影響が宗派集団で異なる可能性を浮き彫りにするために、調査年とスンナ派のダミー変数の交互作用項を投入した。統制変数として、民族宗派(スンナ派、シーア派、クルド人の各ダミー変数)、年齢、性別、学歴、収入を投入した。

紛争強度と経年変化という重要な独立変数の効果の頑健性を確かめるため、統制変数のみの分析

（モデル1）、独立変数と統制変数の分析（モデル2）、それに加えて投票政党としてシーア派政党を選択した回答者のダミー変数と各イデオロギー（アラブ民族主義、イラク国民主義、イスラーム主義）への支持度合いを統制した分析（モデル3）も行った。結果は表5-1の通りである。なお、モデル3で利用されたサンプル数は欠損値が比較的多いため（全体三五〇一の一六・三四％）、念のために欠損値バイアスの検証も行った（多重代入のDA結果）[5]。表5-1に示した通り、DA結果はモデル3の結果とほぼ一致しているため、分析結果の頑健性は担保されたと言ってよい。

分析の結果

通した和解の実現

モデル3			多重代入(DA)		
Coef.		Std. Err.	Coef.		Std. Err.
−0.008	***	0.002	−0.008	***	0.002
0.622	***	0.108	0.672	***	0.101
−0.807	***	0.106	−0.736	***	0.103
0.174	*	0.101	0.169	*	0.095
−0.286		0.265	−0.329		0.240
0.781	***	0.259	0.779	***	0.253
0.054		0.214	0.002		0.200
−0.272	***	0.089	−0.268	***	0.085
0.525	***	0.047	0.515	***	0.046
−0.089		0.062	−0.072		0.059
−0.193	***	0.043	−0.182	***	0.041
−0.161		0.169	−0.108		0.161
−0.423	***	0.097	−0.401	***	0.093
−0.661	***	0.115	−0.613	***	0.110
0.132	*	0.068	0.075		0.064
−0.002		0.003	−0.001		0.003
0.005		0.015	0.005		0.015
0.083	**	0.035	0.076	**	0.035
−1.265		0.281	N		3501
−0.570		0.280	Average RVI		187.088
0.420		0.280	Largest FMI		0.9801
1.482		0.281	DF min		51.09
2929			avg		7610
412.610			max		543824
−4373.648			F		22.46
0.045					

注）　* $p<0.1$,　** $p<0.05$,　*** $p<0.01$.
出所）　筆者作成（以下同）.

表 5-1　順序ロジット

	旧体制派との国民対話を					
	モデル 1			モデル 2		
	Coef.		Std. Err.	Coef.		Std. Err.
紛争強度				−0.008	***	0.002
2011 年				0.682	***	0.106
2016 年				−0.816	***	0.104
2017 年				0.214	**	0.100
2011 年×スンナ派				−0.290		0.262
2016 年×スンナ派				0.767	***	0.255
2017 年×スンナ派				0.035		0.212
シーア派政党への投票						
アラブ民族主義						
イラク国民主義						
イスラーム主義						
スンナ派	−0.007		0.100	−0.160		0.167
シーア派	−0.401	***	0.086	−0.637	***	0.091
クルド人	−0.573	***	0.104	−0.908	***	0.109
性別	0.127	*	0.067	0.145	**	0.068
年齢	−0.006	**	0.003	−0.002		0.003
教育	0.000		0.015	0.018		0.015
収入	0.153	***	0.034	0.068	*	0.035
Cut1	−1.515		0.194	−1.769		0.212
Cut2	−0.880		0.192	−1.095		0.210
Cut3	0.024		0.191	−0.142		0.209
Cut4	1.019		0.192	0.885		0.201
N	2929			2929		
LR Chi2	76.730			266.260		
Log likelihood	−4541.591			−4446.824		
Pseudo R2	0.008			0.029		

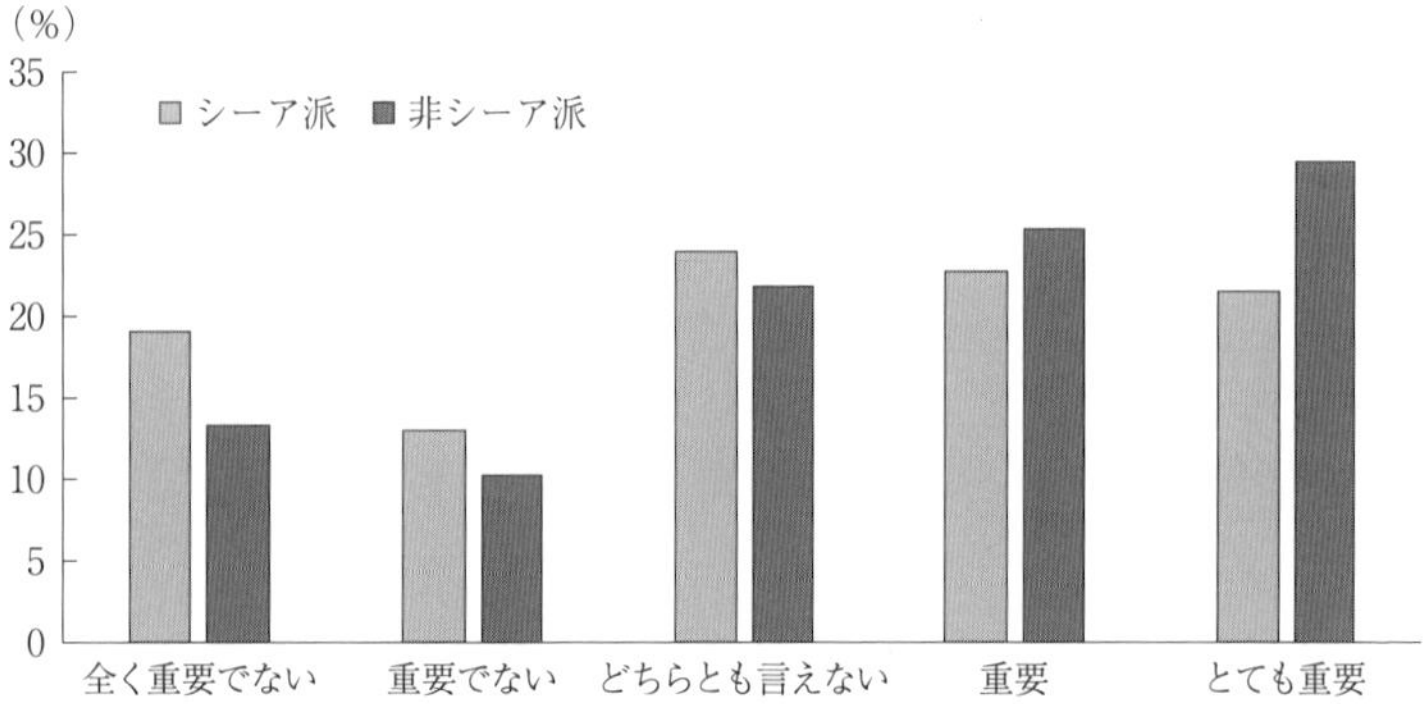

図 5-5　旧体制派との和解についての姿勢

民族宗派集団間の差異

モデル3の結果をもとに、紛争が国家観に与えた影響を見ていこう。まず、統制変数のうち、宗派と民族の変数が統計的に有意になった。図5-5に示したとおり、シーア派であれば、その他の民族宗派集団と比較して旧体制派との和解に消極的になりやすいことがわかる。旧体制派との和解が「とても重要」だと考える確率は、シーア派以外であれば二九・四%であるのに対し、シーア派であれば二一・五%まで低下する。それはおそらく、シーア派やクルド人が旧体制下で弾圧され阻害されてきたことと関係している。この結果は既存のイラク研究で通説とされてきたことと一致する。

紛争強度の影響

さて、紛争の強度からはどのような影響を受けたのだろうか。図5-6は、紛争強度(ISがもたらした死者数)が高まるにつれて、和解に対する姿勢がどう変化するかを示したものである。シーア派も非シーア派も、紛争強度が上がるにつれて旧体制派との和解に消極的になることがわかる。和解が

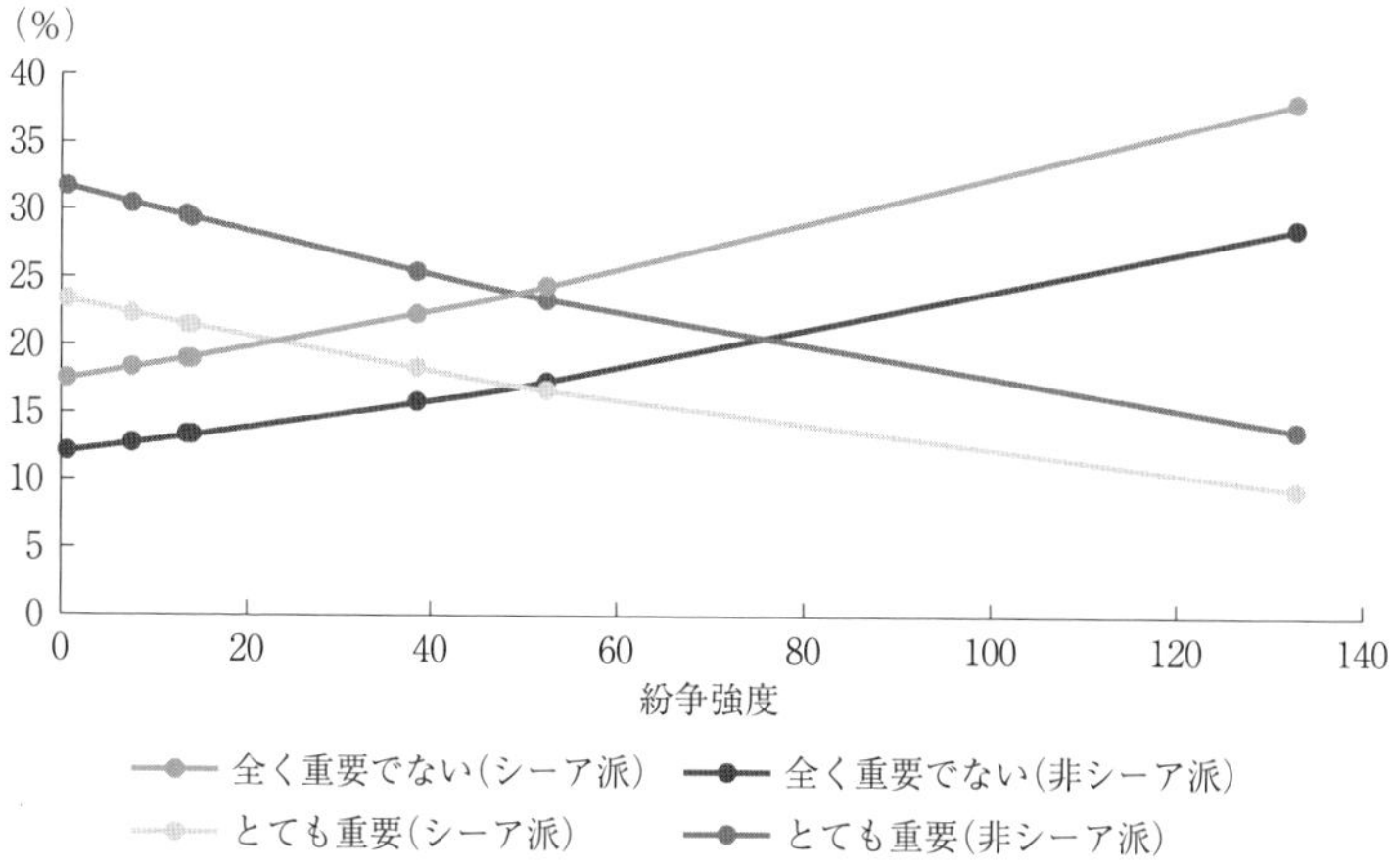

図 5-6　紛争強度と旧体制派との和解の関係

「全く重要でない」と回答する確率は、紛争強度が最も低い地域（ＩＳが占領支配した地域から遠い）では、シーア派でも一七・四％、非シーア派であれば一二・一％と推定できるが、紛争強度が最も高くなれば、非シーア派で二八・七％、シーア派では三八・一％と倍増する。これと反対に、旧体制派との和解が「とても重要」だと考える確率は、紛争強度が上がるにつれて低下する。加えて、図5-6からわかる通り、「全く重要でない」との回答が「とても重要」だとの回答を上回るポイントは、シーア派では死者数が二三〇〇人を超えたあたりであるのに対し、非シーア派では七六〇〇人あたりとなっている。これは、紛争強度の影響がシーア派に対してより過敏に働くということを意味している。いずれにしても、ＩＳがもたらした紛争は、ＩＳが旧体制との関係を構築していたために、旧体制派を排除した国作りへの支持を高める結果になったという点は間違いない。

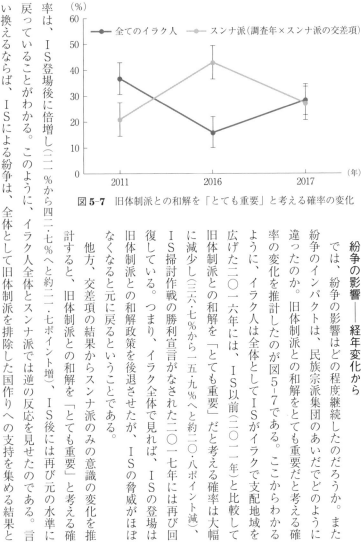

紛争の影響——経年変化から

　では、紛争の影響はどの程度継続したのだろうか。また紛争のインパクトは、民族宗派集団のあいだでどのように違ったのか。旧体制派との和解をとても重要だと考える確率の変化を推計したのが図5-7である。ここからわかるように、イラク人は全体としてＩＳがイラクで支配地域を広げた二〇一六年には、ＩＳ以前（二〇一一年）と比較して旧体制派との和解を「とても重要」だと考える確率は大幅に減少し（三六・七％から一五・九％へと約二〇・八ポイント減）、ＩＳ掃討作戦の勝利宣言がなされた二〇一七年には再び回復している。つまり、イラク全体で見れば、ＩＳの登場は旧体制派との和解政策を後退させたが、ＩＳの脅威がほぼなくなると元に戻るということである。

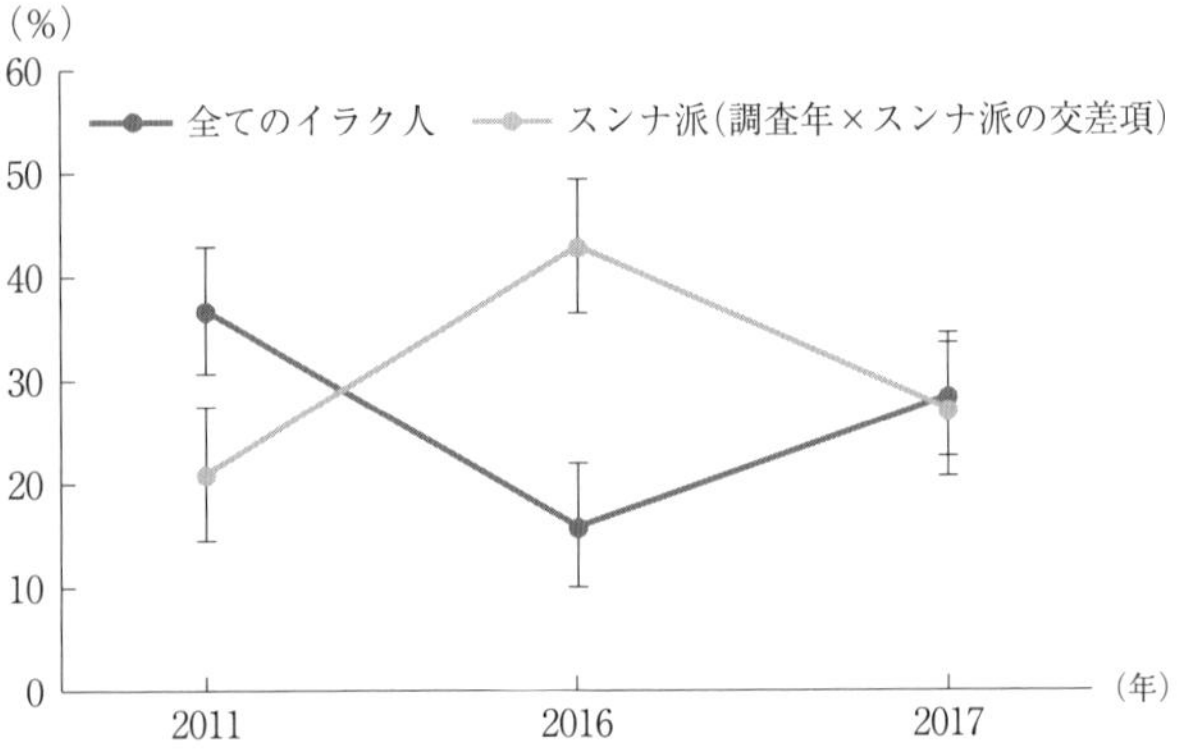

図5-7　旧体制派との和解を「とても重要」と考える確率の変化

　他方、交差項の結果からスンナ派のみの意識の変化を推計すると、旧体制派との和解を「とても重要」と考える確率は、ＩＳ登場後に倍増し（二一％から四二・七％へと約二一・七ポイント増）、ＩＳ後には再び元の水準に戻っていることがわかる。このように、イラク人全体とスンナ派では逆の反応を見せたのである。言い換えるならば、ＩＳによる紛争は、全体として旧体制派を排除した国作りへの支持を集める結果となったが、スンナ派に限って言えば、ＩＳ＝スンナ派との認識のもとで国作りからさらに排除されることを懸念し、国民和解の名目で旧体制派との和解に積極的になったものと考えられる。とはいえ、いずれの集団もＩＳの脅威が過ぎた後は、ほぼ元通りの水準に戻ったこともわかる。

このように、紛争がもたらした国家観への影響を、新しい国作りにどのような構成員を含めるかという国民統合の問題に注目して分析するならば、紛争から受けるインパクトの強さは宗派集団によって異なる点、ＩＳ台頭の直後や紛争強度が大きな地域では旧体制の排除を主張する国家観が前景化しやすいものの、それは時間の経過とともに包摂の方向に向かう点が明らかになった。

おわりに

冒頭の問いに戻ろう。紛争は人々の国家観の形成と変容にどのような影響を与えたのだろうか。世論調査の結果、戦後イラクでしばしば強調される、非国家主体による越境的ネットワークが影響力を増大させたという通説は、少なくとも世論を見る限り、適切ではないということがわかった。非国家主体が影響力を増大させる出来事は多数確認される一方で、人々はそれらにオルタナティブな国家像を見出していない。

そうではなく、人々は、本来の役割を全く果たしていない既存の国家機構や政治エリートに対する強烈な不信感を抱きつつ、既存の国家枠組みの維持を希求し、それらの役割に強い期待感も有している。これらの発見は、戦後イラクをめぐるこれまでの想定や通説とは反対の結果である。

とはいえ、人々の国家観は一つに収斂しているわけではない。とりわけ、新たな国作りの構成員となる国民統合の範囲をめぐる競合が紛争後に最も激しくなった。世論調査が浮き彫りにしたのは、ISがもたらした紛争が、「旧体制派をどの程度国家形成のなかに組み込むか」という国家観に否定的な影響を与えたことである。ISが紛争を拡大させたことによって、特にシーア派やクルド人、そして紛争の影響を強く受けた者は、旧体制派との和解に消極的になりやすい傾向が見られる。しかし、時間の経過にともなって排除の姿勢は緩和され、ほぼ元に戻ることもわかった。

紛争と国家観の関係を考える際、イラクの事例が示唆しているのは、紛争で台頭した非国家主体が単にオルタナティブな国家の担い手になるのでも、包括的で中央集権的な国民形成という単一の国家観に収斂していくのでもない、様々な要因のあいだで常に揺れ動く状態が継続するという実態である。したがって、紛争は国家観の競合を、少なくとも一時的には、常態化するのだと言えるだろう。

注

（1） 本調査の単純集計および記述統計については、グローバル関係学のホームページに掲載されているYamao（2018）を参照のこと。
（2） 詳細な分析や議論については、Yamao（2019）を参照のこと。
（3） 二〇一一年調査の結果は山尾ほか（二〇一二）、一六年調査結果は山尾（二〇一六）、一八年調査結果は山尾（二〇一九）を参照のこと。
（4） https://www.iraqbodycount.org/（二〇二〇年三月三一日閲覧）を参照のこと。
（5） 具体的には分析結果の頑健性を担保するために伝統的な方法であるデータ拡大法（data augmentation：DA）と

呼ばれる多重代入を行った。

参考文献

酒井啓子(二〇一五)「イラクの「宗派問題」」、大串和雄編著『二一世紀の政治と暴力——グローバル化、民主主義、アイデンティティ』晃洋書房

山尾大(二〇一一)『現代イラクのイスラーム主義運動——革命運動から政権党への軌跡』有斐閣

山尾大(二〇一五)「「イスラーム国」の拡大と引き裂かれるイラク」『海外事情』第六三巻九号

山尾大(二〇一六)「中東世論調査(イラク二〇一六年)単純集計報告書」https://cmeps-j.net/wp-content/uploads/2017/04/report_iraq2016.pdf(二〇二〇年三月三一日閲覧)

山尾大(二〇一九)「中東世論調査(イラク二〇一八年)単純集計報告書」https://cmeps-j.net/wp-content/uploads/2019/04/Simple_Tally_Iraq_2018_Jp.pdf(二〇二〇年三月三一日閲覧)

山尾大(未刊)「準軍事組織の分断がもたらす奇妙な安定——IS後イラクの政軍関係」、末近浩太編『シリア・イラク・レバノン・イラン』ミネルヴァ書房

山尾大・浜中新吾・青山弘之・髙岡豊・溝渕正季(二〇一二)「中東世論調査(イラク二〇一一年)単純集計報告書」https://cmeps-j.net/wp-content/uploads/2017/04/report_iraq2011.pdf(二〇二〇年三月三一日閲覧)

Jabar, Faleh A. (2003) *The Shi'ite Movement in Iraq*, Saqi Books.

Litvak, Meir (1998) *Shi'i Scholars of Nineteenth Century Iraq*, Cambridge University Press.

Louër, Laurence (2008) *Transnational Shia Politics: Religious and Political Networks in the Gulf*, Columbia University Press.

Mallat, Chibli (1993) *The Renewal of Islamic Law: Muhammad Baqer as-Sadr, Najaf and the Shi'i International*, Cambridge University Press.

Matthiesen, Toby (2013) *Sectarian Gulf: Bahrain, Saudi Arabia, and the Arab Spring That Wasn't*, Stanford University Press.

Matthiesen, Toby (2014) *The Other Saudis: Shiism, Dissent and Sectarianism*, Cambridge University Press.

Nakash, Yitzhak (1994) *The Shi'is of Iraq*, Princeton University Press.

Nasr, Vali (2006) *The Shia Revival: How Conflicts within Islam Will Shape the Future*, W. W. Norton.

Satloff, Robert (2005) "King Abdullah II: 'Iraq is the Battleground-the West against Iran'," *Middle East Quarterly*, Spring, 12(3).

Shanahan, Rodger (2005) *Shi'a of Lebanon: Clans, Parties and Clerics*, I. B. Tauris.

Yamao, Dai (2018) "2017 Opinion Poll in Iraq: Sampling Method and Descriptive Statistics," *Relational Studies on Global Crises Online Paper Series: Research Report* (Online Paper Series No. 4: Research Report No. 2). http://www.shd.chiba-u.jp/glblcrss/online_papers/onlinepaper20181230_rr02.pdf(二〇二〇年三月三一日閲覧)

Yamao, Dai (2019) "The Conflict in Iraq and its Impact on Perception toward Statehood: Based on Poll Surveys," *Relational Studies on Global Crises Online Paper Series*, No. 8, Working Paper No. 4, May 1, 2019. http://www.shd.chiba-u.jp/glblcrss/online_papers/onlinepaper20190501.pdf(二〇二〇年三月三一日閲覧)

第6章 紛争後のボスニアにおける国家観の相克
――民族間の分断か、民族を超えた紐帯か――

久保慶一

はじめに

一九九二年に勃発し、合計で一〇万人近い死者を出したボスニア紛争は、一九九五年一一月に成立した和平合意(通称「デイトン合意」)によって、ようやく終結した(1)。その後ボスニアでは、欧米諸国を中心とした国際社会の主導の下で、紛争後の復興と国家再建が進められてきた。欧州連合(EU)加盟プロセスも徐々に進み、二〇一六年にはボスニアがEUに加盟申請を行った。デイトン合意成立以降、紛争の再発は起きておらず、選挙も定期的に実施されてきている。

では、ボスニアにおいて、紛争はすでに過去のものとなり、西欧諸国のような安定的な国家――序章の言葉を借りれば、「理念型としての国家」――が確立されたと言えるのであろうか。結論を先取りすれば、本章の検討が示すのは、決してそうとは言えない、ということである。序章で展開された議論を踏まえて整理すれば、ボスニアでは、機能としての国家は相当程度再建されたと言える一方で、帰属意識という点で言えば、市民たちがボスニアという国家の枠組みを正当なものとして受け入れているとは言い難い状況が依然として続いている。後者の意味での「国家」の再建が進んでいないというボスニアの現状を踏まえれば、ボスニアの将来について楽観視することはできないと考えられる。

一　ボスニア紛争の背景

ボスニア紛争は、第二次世界大戦後に成立した社会主義体制下のユーゴスラヴィア(旧ユーゴ)[2]において、一九九〇年に民主化が起きたことを受け、一九九二年に勃発した(久保二〇〇三)。一九九〇年に旧ユーゴを構成する諸共和国で複数政党選挙が実施されると、政権交代が起きたスロヴェニアとクロアチアにおいて、旧ユーゴからの離脱・独立を目指す動きが本格化し、一九九一年六月には両共和国が独立宣言を出すに至った。こうした中、ボスニアにおける最大民族であるスラヴ系のイスラーム教徒(ムスリム人／ボシュニャク人)[3]と、一九九一年時点でボスニアの全人口の約二割を占めていたクロアチア人は、スロヴェニアとクロアチアの独立志向に刺激され、旧ユーゴからの独立を目指すようになる。これに対し、ボスニアの全人口の約三割を占めていたセルビア人は、自分たちの同胞が多数派を占めるセルビア共和国との断絶を意味する旧ユーゴからのボスニアの独立に断固反対し、ボスニアの旧ユーゴへの残留を求めた(表6-1参照)。

ムスリム人とクロアチア人をそれぞれ代表していた民族主義政党は、各民族の人口規模とほぼ比例する規模の議席を有していたため、両政党が連携すれば、議会多数派を形成することが可能であった。

表 6-1　ボスニアの民族構成(1961-2013 年)

(%)

	1961 年	1971 年	1981 年	1991 年	2013 年
ムスリム人	25.7	39.6	39.5	43.5	
ボシュニャク人					50.1
セルビア人	42.9	37.2	32.0	31.2	30.8
クロアチア人	21.7	20.6	18.4	17.4	15.4
ボスニア人					1.1
ユーゴスラヴィア人	8.4	1.2	7.9	5.6	0.1
総人口(人)	3,277,948	3,746,111	4,124,256	4,377,033	3,531,159

出所)　久保(2019：49).

そこで両民族を代表する政党がセルビア人の反対を押し切ってボスニアの独立への動きを進めようとすると、セルビア人を代表する民族主義政党は、セルビア人が多数派を占める自治体を中心にしてボスニア領内に「セルビア人共和国」を形成し、セルビア人共和国のボスニアからの分離独立とセルビア共和国との合併を目指した。一九九二年二月二九日―三月一日に実施された独立に関する国民投票で、セルビア人がボイコットする中でムスリム人・クロアチア人市民の投票によって独立賛成が全有権者の過半数に達する結果が示されると、同年四月には欧州共同体(EC)や米国がボスニアを国家承認するに至る。このようにボスニアの独立を既成事実化する国内外の流れに抗するため、セルビア人勢力を中心にボスニア各地で武力衝突が発生し、ボスニアは内戦状態に陥ったのである。この意味でボスニア紛争は、民族によって全く異なる国家観――自分たちが望ましいと考える「国家」のあり方――が衝突したことの帰結として起きた紛争であった。

ボスニア紛争は国際社会による度重なる和平の仲介や、人道的危機に対して国際社会が武力で介入する「人道的介入」を経て、一九九五年一一月にようやく終結した。その時に成立したデイトン合意の付属文書として制定されたボスニアの新憲法（デイトン憲法）は、紛争後のボスニアを、「セルビア人共和国」と「ボスニア連邦」という二つの「エンティティ」からなる国家とした（久保二〇一七）。

この新国家の構成は、それぞれの民族が持つ国家観の妥協の産物であった。セルビア人が望むのは、「セルビア人共和国」が独立国家として認められることである。デイトン合意では、国際的に主権を承認された国家はボスニアとされたため、その点ではセルビア人の希望は叶わなかったが、ボスニアを構成するエンティティの一つとして「セルビア人共和国」の存在（存続）が認められたこと、そのエンティティが強大な権限を持ち、ボスニアの中央政府の権限が限定的なものであったことから、独立を「事実上」達成できたことが成果であった。ボシュニャク人にとって最も重要なのは、ボスニアが主権国家として領土的一体性を維持することである。ボスニアが二つのエンティティに分断されてしまったことはボシュニャク人にとって大きな不満の源泉であったが、デイトン合意後も国際的にボスニアの一体性を維持できたことは重要な成果であった。

クロアチア人は、紛争勃発の当初はムスリム人と連携していたが、共同戦線はすぐに崩壊し、ムスリム人勢力とクロアチア人勢力の間の武力衝突も各地で起きていた。そうした中で、クロアチア人もセルビア人と同様にボスニア領内に「クロアチア人共和国」を樹立し、そのボスニアからの独立とクロアチア共和国との合併を志向するようになる。しかし最終的には、ボスニア領内の「ボスニア連邦」の中で、その連邦を構成するいくつかの「カントン」を支配するという形で一定の自治を維持することで妥協した。とはいえ、クロアチア人は「ボスニア連邦」の中でボシュニャク人よりもはるかに人口規模の小さい民族であったため、連邦単位の選挙（とりわけ、国家元首に当たるボスニアの大統領評議会のメンバーの選挙）において不利な立場に立たされることがあった（久保二〇一〇）。こうした状況から、ボスニア内のクロアチア人勢力からは、セルビア人と同様にクロアチア人も独自の「エンティティ」を持つべきであるという主張がなされた。

このようにして、国際社会の大きな支援を得てボスニアの紛争後の復興と国家の再建が進められ、すでにデイトン合意の成立から四半世紀が経とうとしている。現在のボスニア市民は、国家についてどのように考えているのか。次節以降では、その点について検討していくことにしたい。

二　機能としての国家の再建

ボスニアの市民たちは、機能としての国家に対して、どの程度の信頼を有しているのであろうか。我々が実施した世論調査のデータに基づいて、この点を確認してみよう。まず、国家機関と主要な非国家主体についての信頼の度合いを直接尋ねた質問への回答から検討してみたい。図6-1は、「次の組織をどの程度信頼しますか」という質問について、政治的権力を有する機関（大統領、議会、エンティティの大統領）、司法・治安機関（裁判所、警察、軍）、非国家主体（宗教指導者、NGO、メディア）に関する回答を示している。これを見ると、市民が最も信頼を寄せるのは警察や軍といった国家の治安機関であり、大統領や首相といった政治的機関への信頼は極めて低いことがわかる。非国家主体への信頼は、政治的機関よりは高いが、国家の治安機関よりは低いものに留まっている。

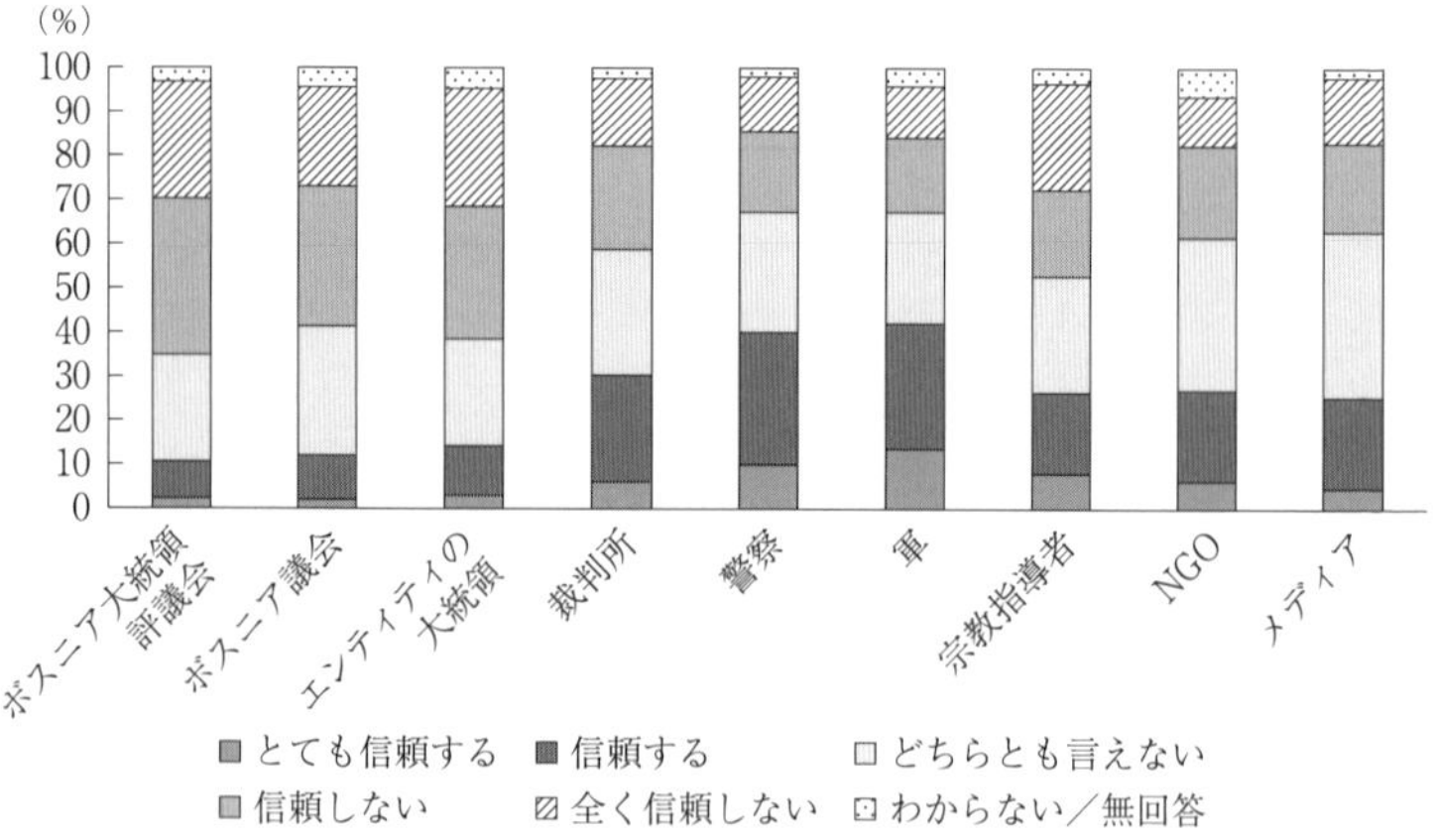

出所） Kubo and Osmić(2018)をもとに筆者作成(以下同).

図 6-1　国家の諸機関および非政府主体への信頼度

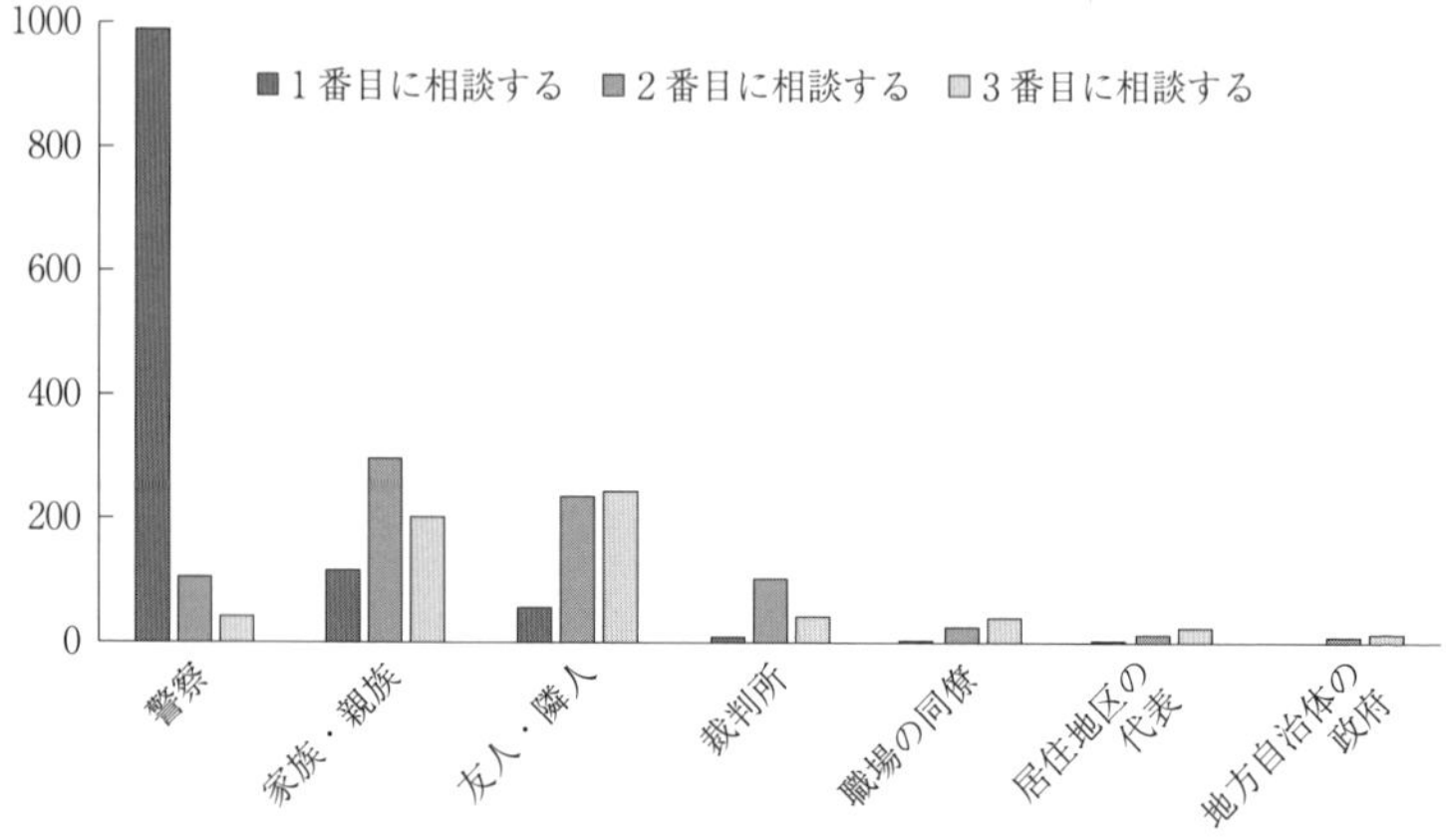

注） 1-3 番目のいずれにおいても度数が 10 に満たない選択肢は省略した.

図 6-2　強盗に襲われた時によく相談する相手(度数)

市民たちの実際の行動はどうだろうか。我々が共通の調査票を用いて実施した世論調査では、「強盗に襲われたとき誰によく相談しますか。順に三つ答えてください」という質問を行っている。この質問は、市民の信頼の度合いを直接尋ねるのではなく、具体的な行動に関する質問を通じて信頼の度合いを測定することを意図したものである。図6-2は、この質問への回答をまとめたものである。これを見ると、ボスニアの市民の圧倒的大多数は、そうした状況においてまず警察に相談することを選んでいる。日本に住む読者からすれば当たり前のことであろうが、長期にわたる武力紛争で国家機構が崩壊した国では決して当たり前のことではない。この結果は、国際社会の支援を得て進められた四半世紀にわたる国家機関の再建が進んだことの証左とみなすべきであろう。

同様に、「遺産の相続をめぐって家族や親族とトラブルになった場合、誰によく相談しますか。順に三つ答えてください」という質問に対しては、多くの回答者が裁判所を挙げている(図6-3)。また、「あなたの地域に道路や学校、病院が必要である場合、誰によく相談しますか、順に三つ答えてください」という質問に対しては、各レベルの政府や、各地域と行政機関をつなぐ居住区域代表という回答が大部分を占めている(図6-4)。いずれの質問においても、非国家主体へと相談する市民はごく少数に留まっている。少なくともこの世論調査の結果を見る限りでは、本来国家機関が提供すべき機能を非国家主体が代替し補完するといった状況は、ボスニアでは見られないと評価してよいであろう。

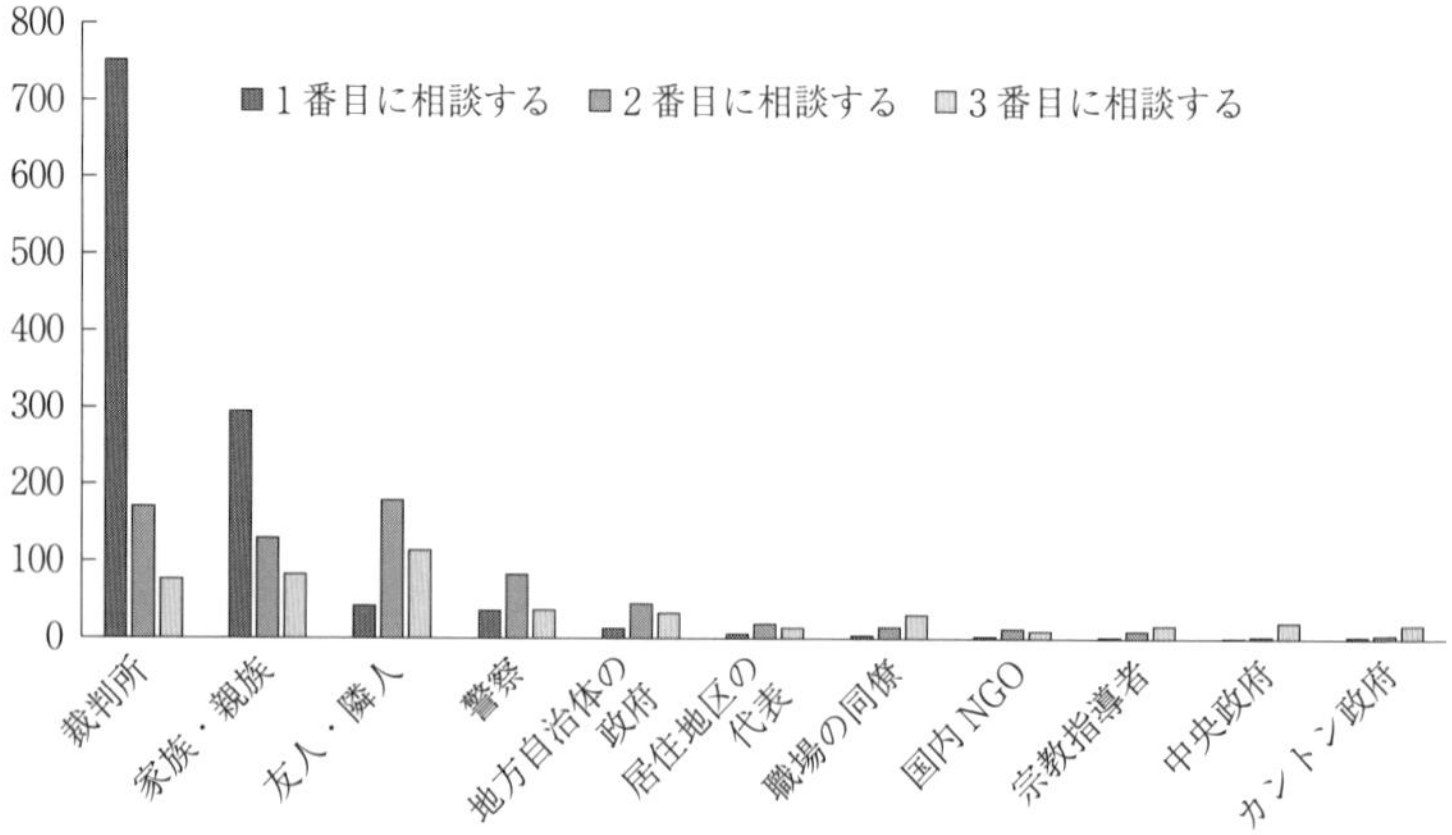

注） 1-3番目のいずれにおいても度数が10に満たない選択肢は省略した.

図6-3　遺産の相続をめぐって家族や親族とトラブルになった時によく相談する相手(度数)

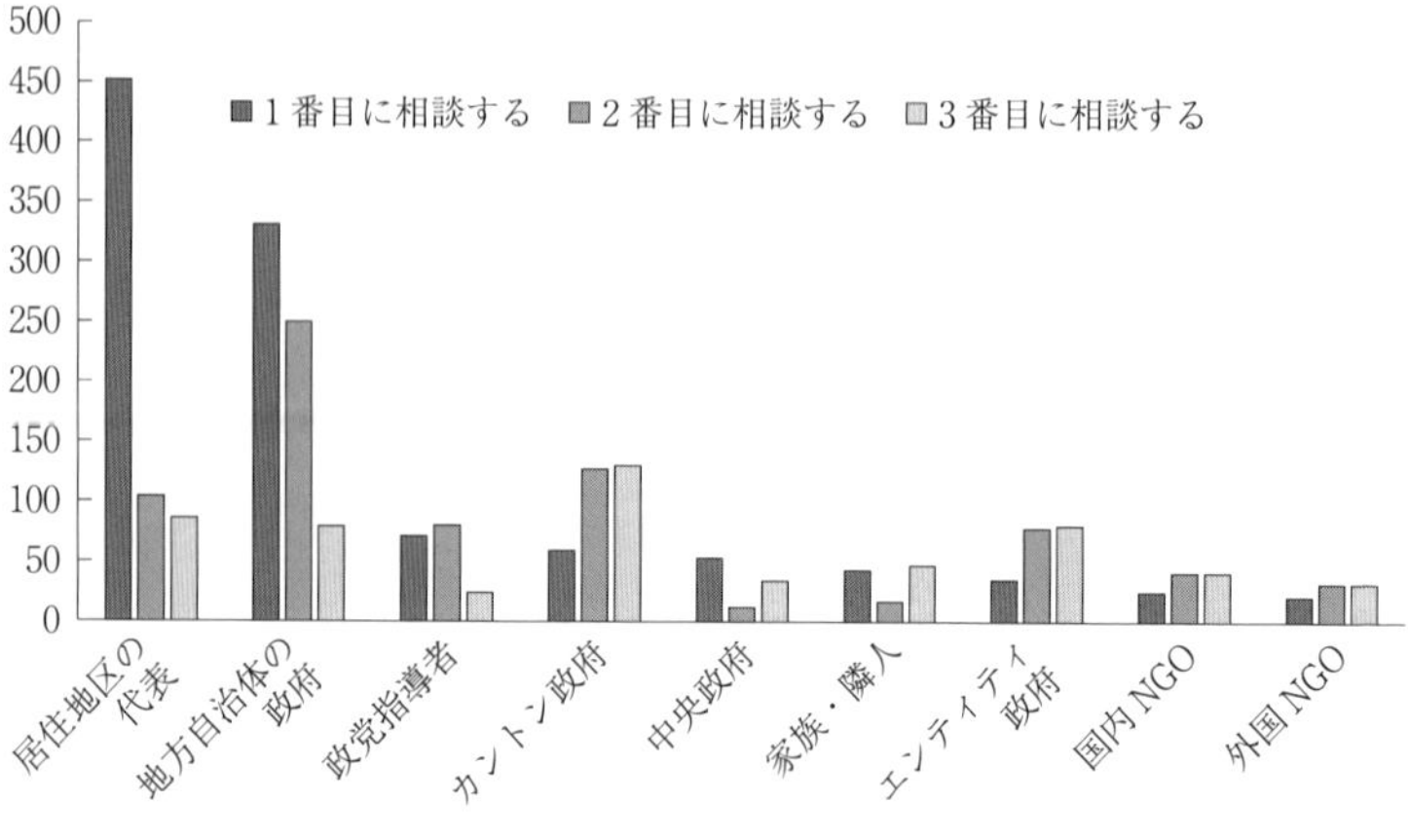

注） 1番目の度数が20に満たない選択肢は省略した.

図6-4　自分の地域に道路や学校，病院が必要である時によく相談する相手(度数)

三　国家への帰属意識

前節で見たようなボスニアにおける「機能としての国家」の再建は、市民がボスニアという国家を正当なものとして受け入れ、そこへの帰属意識を高めることにつながっているのだろうか。本節では、その点を検討してみたい。

まず、「ボスニアは、デイトン憲法によって規定される通りに二つのエンティティからなる現在の構成を維持すべきである」という言明への態度を見てみよう。言い換えれば、国家の基本的構成という点で、現状維持を望むかどうかを問うものである。この質問に対する回答の民族別分布は表6-2の示す通りである。全体として、現状維持に反対する人々(「強く反対する」と「反対する」の合計)が合計で四八%に達しており、現状維持の肯定派(「強く賛成する」と「賛成する」の合計)を大きく上回っていることがわかる。機能としての国家が着実に再建されても、現状の国家構成への支持が高まっているわけではなく、その意味での国家の「正当性」は必ずしも高くないことがわかる。

次に、「ボスニアは統一国家になるべきであり、エンティティは廃止されるべきである」という言明への態度を見てみよう。これは、ボスニアという国家が長い歴史的背景を有し、その主権と領土が不可分であることを主張するボシュニャク人の民族主義的指導者がしばしば展開する主張である。この質問に対する回答の分布は表6-3に示されている。ボシュニャク人の七割以上がこの言明を支持し、全体としては過半数に近い四九%が賛成の態度を示していることがわかる。これに対し、セルビ

表 6-2　国家体制の現状維持への態度

（　）内は %

	ボスニアは，デイトン憲法によって規定される通りに2つのエンティティからなる現在の構成を維持すべきである						
	わからない	強く反対	反対	どちらとも言えない	賛成	強く賛成	合計
ボシュニャク人	22 (3.56)	146 (23.62)	209 (33.82)	117 (18.93)	72 (11.65)	52 (8.41)	618 (100)
クロアチア人	10 (6.45)	34 (21.94)	56 (36.13)	35 (22.58)	16 (10.32)	4 (2.58)	155 (100)
セルビア人	21 (6.48)	23 (7.10)	37 (11.42)	99 (30.56)	80 (24.69)	64 (19.75)	324 (100)
その他	9 (9.89)	36 (39.56)	33 (36.26)	7 (7.69)	3 (3.30)	3 (3.30)	91 (100)
合　　計	62 (5.22)	239 (20.12)	335 (28.20)	258 (21.72)	171 (14.39)	123 (10.35)	1188 (100)

出所）　Kubo (2018) をもとに筆者作成（以下同）.

表 6-3　国家体制に関するボシュニャク民族主義的な修正主義への態度

（　）内は %

	ボスニアは統一国家になるべきであり，エンティティは廃止されるべきである						
	わからない	強く反対	反対	どちらとも言えない	賛成	強く賛成	合計
ボシュニャク人	13 (2.10)	29 (4.68)	50 (8.08)	87 (14.05)	191 (30.86)	249 (40.23)	619 (100)
クロアチア人	13 (8.39)	17 (10.97)	33 (21.29)	41 (26.45)	33 (21.29)	18 (11.61)	155 (100)
セルビア人	22 (6.77)	90 (27.69)	126 (38.77)	60 (18.46)	11 (3.38)	16 (4.92)	325 (100)
その他	8 (8.79)	3 (3.30)	7 (7.69)	10 (10.99)	26 (28.57)	37 (40.66)	91 (100)
合　　計	56 (4.71)	139 (11.68)	216 (18.15)	198 (16.64)	261 (21.93)	320 (26.89)	1190 (100)

ア人の回答者ではほとんど賛成が見られず、過半数が反対の態度を示している。興味深いのは、クロアチア人において、この言明への賛成と反対がほぼ拮抗しており、一部のクロアチア人がボシュニャク人と共通の態度を取っていることである。クロアチア人が必ずしも一枚岩ではなく、ボスニアの一体性を強く支持する層が少なからず存在していることがわかる。

では、クロアチア人の民族主義的指導者がしばしば展開する主張への態度はどうであろうか。表6-4は、「ボスニアは三つのエンティティから構成されるべきであり、クロアチア人のためのエンティティが追加で設立されるべきである」という言明への回答者の態度を民族別に示している。クロアチア人回答者の過半数(五一%)は賛成の態度を示しているが、反対の態度を示す回答者も二五%程度は存在することが興味深い。ここでも、クロアチア人が必ずしも一枚岩ではないことが示されている。他方、この言明について、ボシュニャク人回答者は圧倒的多数が反対の態度を示しており、セルビア人回答者の中でも、反対が賛成をはるかに上回っている。クロアチア人の民族主義的な主張に共感を示すボシュニャク人、セルビア人はほとんどいないと言ってよいだろう。

最後に、セルビア人の民族主義的指導者がしばしば展開する主張への態度を見てみよう。表6-5は、「セルビア人共和国はボスニアから独立すべきである」という言明への回答者の態度を民族別に示している。セルビア人回答者の過半数(五六%)は賛成の態度を示しているが、反対の態度を示す回答者も二二%ほど存在することがわかる。自民族の民族主義的な主張への支持・反対の比率がクロアチア人とほぼ同じであることは興味深い。セルビア人もまた、クロアチア人と同様に、必ずしも一枚岩ではないことがわかる。他の民族の回答を見てみると、ボシュニャク人やクロアチア人でこの言明

表 6-4　国家体制に関するクロアチア民族主義的な修正主義への態度

（　）内は %

	ボスニアは3つのエンティティから構成されるべきであり，クロアチア人のためのエンティティが追加で設立されるべきである						
	わからない	強く反対	反対	どちらとも言えない	賛成	強く賛成	合計
ボシュニャク人	18 (2.91)	344 (55.57)	186 (30.05)	57 (9.21)	11 (1.78)	3 (0.48)	619 (100)
クロアチア人	6 (3.87)	17 (10.97)	23 (14.84)	29 (18.71)	32 (20.65)	48 (30.97)	155 (100)
セルビア人	24 (7.41)	81 (25.00)	78 (24.07)	91 (28.09)	26 (8.02)	24 (7.41)	324 (100)
その他	5 (5.49)	46 (50.55)	33 (36.26)	4 (4.40)	2 (2.20)	1 (1.10)	91 (100)
合　計	53 (4.46)	488 (41.04)	320 (26.91)	181 (15.22)	71 (5.97)	76 (6.40)	1189 (100)

表 6-5　国家体制に関するセルビア民族主義的な修正主義への態度

（　）内は %

	セルビア人共和国はボスニアから独立すべきである						
	わからない	強く反対	反対	どちらとも言えない	賛成	強く賛成	合計
ボシュニャク人	13 (2.10)	387 (62.62)	157 (25.40)	43 (6.96)	11 (1.78)	7 (1.13)	618 (100)
クロアチア人	6 (3.87)	74 (47.74)	52 (33.55)	16 (10.32)	5 (3.23)	2 (1.29)	155 (100)
セルビア人	21 (6.50)	43 (13.31)	28 (8.67)	49 (15.17)	99 (30.65)	83 (25.70)	323 (100)
その他	6 (6.59)	53 (58.24)	25 (27.47)	4 (4.40)	1 (1.10)	2 (2.20)	91 (100)
合　計	46 (3.88)	557 (46.93)	262 (22.07)	112 (9.44)	116 (9.77)	94 (7.92)	1187 (100)

に賛成の態度を示す者はほとんどおらず、セルビア人の民族主義的な主張に対して他の民族からの共感はほとんどないと言えるだろう。

これらの世論調査結果が示すのは、ボスニアにおける紛争の根幹であった国家観の相違は、紛争終結から四半世紀を経た現在でもかなり根強く残っており、ボスニアの市民たちが現状の国家を正当なものとして受け入れるには至っていないという現状であるように思われる。ボスニア国内にもこうした状況に危機感を抱く人々は存在しており、二〇一三年に紛争後初めて国勢調査が実施された際には、調査員に民族帰属を問われた際に「ボシュニャク人」や「クロアチア人」「セルビア人」といった民族集団を示すカテゴリではなく、ボスニア・ヘルツェゴヴィナという国家への帰属意識ないし市民意識を示すカテゴリで自己申告しようというキャンペーンを展開する人々もいた[(4)]。しかし、表6-1が示すように、最終的に、「ボスニア人」などの国家への帰属意識や市民意識を重視する人々が選択したカテゴリで民族帰属を自己申告した人は全体の一%程度に過ぎなかった。こうした点を踏まえると、ボスニアにおける国家の再建は決して完遂されたものではなく、なお前途多難であると言わざるを得ないだろう。

他方で、今回の世論調査では、国家観という点で民族間に存在する深刻な分断を乗り越えるための紐帯の存在も示唆されている。まず、すでに論じてきたように、ボスニアの民族集団は必ずしも一枚岩ではなく、民族集団が一様に自分たちの民族主義的指導者の主張を受け入れているわけではない。言い換えれば、各民族集団の内部にも一定の亀裂が存在するのであり、そうした亀裂に基づいて民族間の紐帯を強化することで、国家観の分断を乗り越えることが可能かもしれない。この点についてはより詳細な分析が必要だが、筆者は、三つの民族が共有する社会主義的な理念の伝統が、その役割を果たす可能性があると考えている(Kubo 2018)。

次に、国境線変更の可否について尋ねた質問への回答を見てみたい。我々の世論調査では、国際的に承認されたボスニアの国境線を回答者に示した上で、「国際的に承認されたボスニアの国境線を変更しても良い」という言明についての態度を尋ねている。表6-6は、この質問に対する回答を民族別に示している。これを見ると、どの民族の回答者を見ても、国境線の変更には反対していることがわかる。特にセルビア人については、すでに見たように、過半数は「セルビア人共和国は独立すべきである」という主張に賛成しているにもかかわらず、ボスニアの国境線の変更には過半数が反対しており、一見すると矛盾する態度を取っているように見える。望ましい国家のあり方を脇において、「国際的に承認された国境線の維持」という点に限れば、民族間で強いコンセンサスが見られるのである。

このような結果がなぜ見られるのであろうか。ここで注目したいのは、国境線変更に反対する理由で

反対の理由

( )内は %

説明するのは，以下の選択肢のうちどれですか			
(5)国境線変更は歴史的に正しくないから	(6)国境線は必要だから	(7)どれでもない	合　計
80 (16.00)	73 (14.60)	27 (5.40)	500 (100)
7 (8.43)	13 (15.66)	8 (9.64)	83 (100)
2 (1.20)	31 (18.67)	14 (8.43)	166 (100)
9 (13.43)	9 (13.43)	0 (0.00)	67 (100)
98 (12.01)	126 (15.44)	49 (6.00)	816 (100)

表 6-6　国境線変更への態度

(　)内は %

	国際的に承認されたボスニアの国境線を変更しても良い						
	わからない	強く反対	反対	どちらとも言えない	賛成	強く賛成	合計
ボシュニャク人	31 (4.99)	321 (51.69)	186 (29.95)	59 (9.50)	11 (1.77)	13 (2.09)	621 (100)
クロアチア人	17 (10.97)	36 (23.23)	49 (31.61)	32 (20.65)	14 (9.03)	7 (4.52)	155 (100)
セルビア人	27 (8.36)	96 (29.72)	73 (22.60)	81 (25.08)	27 (8.36)	19 (5.88)	323 (100)
その他	8 (8.79)	35 (38.46)	35 (38.46)	9 (9.89)	3 (3.30)	1 (1.10)	91 (100)
合　　計	83 (6.97)	488 (41.01)	343 (28.82)	181 (15.21)	55 (4.62)	40 (3.36)	1190 (100)

表 6-7　国境線変更への

	あなたが国境線変更に反対する理由を最もよく			
	(1)国境線変更は政治的不安定をもたらすから	(2)国境線変更は私の生活条件を悪化させるから	(3)国境線変更は宗教的繋がりを弱めるから	(4)国境線変更は民族的繋がりを弱めるから
ボシュニャク人	247 (49.40)	60 (12.00)	8 (1.60)	5 (1.00)
クロアチア人	44 (53.01)	9 (10.84)	0 (0.00)	2 (2.41)
セルビア人	108 (65.06)	9 (5.42)	0 (0.00)	2 (1.20)
その他	42 (62.69)	7 (10.45)	0 (0.00)	0 (0.00)
合　　計	441 (54.04)	85 (10.42)	8 (0.98)	9 (1.10)

ある。我々の世論調査では、国境線変更に関する態度を尋ねた後、賛成と答えた回答者には賛成の理由、反対と答えた回答者には反対の理由を尋ねている。ボスニアの調査において、反対の理由について民族別に示しているのが表6-7である。どの民族集団を見ても、最も多くの回答者が選択した理由は選択肢1(「国境線変更は政治的不安定をもたらすから」)である。これに対し、例えば選択肢2(「国境線変更は私の生活条件を悪化させるから」)や選択肢5(「国境線変更は歴史的に正しくないから」)を選んだのはボシュニャク人にほぼ限定されている。特に選択肢5は、ボスニアという政治的単位が歴史的連続性を有することを強調するボシュニャク人の歴史観・国家観に固有の理由である。しかし、ボシュニャク人の回答者を見ても、こうした理由を選択する回答者は少数派であり、ボシュニャク人も含めた全ての民族の回答者は、政治的不安定を回避したいという心情から国境線変更に反対していると考えられる。

このような世論調査の結果は、三年半にわたる激しい武力紛争という負の経験が、民族間に存在する国家観の違いを乗り越える紐帯として機能する可能性を示唆するものではないだろうか。凄惨な武力紛争によって家族や資産の喪失といった筆舌に尽くしがたい苦難を経験してきたという点では、ボスニア市民の中に民族間の相違は存在しない。もう二度とあのような紛争は経験したくない、そのためには政治的安定が何よりも望ましい、というボスニア市民の想いが紐帯となることによって、ボスニアが国家として安定していくことが可能となるかもしれない。

おわりに

本章では、我々が実施した世論調査の結果に依拠しつつ、紛争後のボスニアにおける市民の国家観を検討してきた。望ましい国家のあり方について、当該国内で多様なアクターの考えが収斂していない状況では、政治的主張を行うのは主として政治家や知識人などのエリートであり、一般市民がそれについて見解や意見を表明する機会はあまりなく、それを直接観察することは通常困難である。今回我々が実施した世論調査では、一般市民の国家観を調査することによって、本書の序章が論じたように「下からの視座」による国家観の多様性、そこに見られる多様な関係性を浮き彫りにすることができたと考える。今日のボスニア社会について言えば、紛争の発端となった民族間の国家観の相違が依然として根強く存在していることが明らかになった一方で、民族集団が民族主義的な指導者の主張を一枚岩的に受け入れているわけでは決してなく、民族内の亀裂も存在していること、民族を超えた紐帯によって国家の正当性が支えられる可能性があることも明らかとなった。

ボスニアがまがりなりにも紛争終結から四半世紀にわたって平和を維持することができたのは、欧米諸国を中心とする国際社会の積極的な支援があったからであるが、そうした支援は弱まりつつある。過激で危険な主張を行う現地の政治家を解任する権限も有し、いわば「上からの支配」によってボスニアを不安定化させる要因を抑え込む機能を果たしてきた上級代表(ボスニアの紛争後、平和構築の民生部門を統括するため国際社会が派遣する)の事務所は規模の縮小が続いており、閉鎖が叫ばれて久しい。

さらに、しばしば相互に反目し合うボスニアの諸民族・諸政党が一致団結して困難な改革に取り組むための誘因として機能してきたEU加盟プロセスも、EU自体が危機的な状況に直面し、近年は停滞しつつある。このように外部環境が変化する中で、ボスニアが政治的安定を維持し続けることはできるのだろうか。必ずしも楽観視はできないであろう。今後もボスニアの動向を注視していきたい。

注

(1) この合意によって成立した国家の正式名称は「ボスニア・ヘルツェゴヴィナ(Bosna i Hercegovina)」であるが、本章では「ボスニア」と略記する。ボスニア紛争の死者数については、一般に二〇万人という数字が流布しているが、犠牲者の身元を個別に確認していくことでボスニア紛争の犠牲者数を正確に算出する研究プロジェクトの結果、死者数は九万五九四〇人であったことがわかっている。この点については久保(二〇一九:五六)を参照されたい。

(2) 国名は、一九四六年から六三年までユーゴスラヴィア連邦人民共和国、六三年から九二年までユーゴスラヴィア社会主義連邦共和国であった。本章では以下、社会主義体制下のユーゴスラヴィアを一貫して「旧ユーゴ」と略記する。

(3) ボスニアにおける「ムスリム人」は、イスラーム教徒一般を指す言葉ではなく、当時はセルビア・クロアチア語と呼ばれたスラヴ系言語を話すスラヴ系イスラーム教徒を指す固有名詞である。ボスニア紛争勃発後は、民族呼称を「ムスリム人」から「ボシュニャク人」に変更する動きがおき、デイトン合意で制定された憲法では民族呼称として「ボシュニャク人」が用いられている。本章では、デイトン合意成立以前については「ムスリム人」、デイトン合意成立後については「ボシュニャク人」の名称を用いることとする。

(4) このキャンペーンについてはNHKがボスニアの国勢調査に関する報道の中で紹介したことがある。この報道について、メディア翻訳の観点から坪井(二〇一六)が事例分析を行っている。

参考文献

久保慶一(二〇〇三)『引き裂かれた国家——旧ユーゴ地域の民主化と民族問題』有信堂高文社

久保慶一(二〇一〇)「デイトン合意後のボスニア・ヘルツェゴヴィナ——紛争後の多民族国家における持続可能な制度の模索」『早稲田政治經濟學雜誌』第三七七号

久保慶一(二〇一七)「ボスニア・ヘルツェゴヴィナ」、月村太郎編著『解体後のユーゴスラヴィア』晃洋書房

久保慶一(二〇一九)『争われる正義——旧ユーゴ地域の政党政治と移行期正義』有斐閣

坪井睦子(二〇一六)「メタ・コミュニケーションとしてのメディア翻訳——国際ニュースにおける引用と翻訳行為の不可視性」『社会言語科学』第一九巻一号

Kubo, Keiichi (2018) "Attitudes towards the Statehood in a Deeply-divided Society: An Analysis of the Bosnian 2017 Survey Data," Paper Presented at the International Conference, *Relational Studies on Global Conflicts: Toward a New Approach to Contemporary Crises, Institute of Social Sciences*, Belgrade, Serbia, 21 December.

Kubo, Keiichi and Amer Osmić (2018) "2017 Opinion Poll in Bosnia and Herzegovina: Sampling Method and Descriptive Statistics," *Relational Studies on Global Crises Online Paper Series: Research Report* (Online Paper Series No. 3: Research Report No. 1). http://www.shd.chiba-u.jp/glblcrss/online_papers/onlinepaper20181230_rr01.pdf(二〇二〇年三月三一日閲覧)

第7章 インドネシアにおける社会的分断と国家の脆弱性
——迫害される少数派、侵食される民主主義——

増原綾子
鷲田任邦
ミヤ ドゥイ ロスティカ

はじめに

インドネシアは、三〇年にわたった独裁体制が一九九八年に倒れたのち、民主主義の道を歩んでいる。民主化後に各地で分離独立運動や宗教紛争が頻発し、国家分裂の危機とまで言われたが、パプア以外の地域では紛争は二〇〇〇年代半ばまでにほぼ収束した。その後、政治的安定の下で順調に経済成長を続け、「民主主義大国」として自信を深めるようになった。

しかしながら、二〇〇〇年代後半以降、民主主義の「行き過ぎ」を批判する保守的な政治家や宗教指導者が台頭し、同時に社会のイスラーム化を背景とした宗教的少数派に対する差別・迫害・不寛容行為が各地で目立つようになった。広い国土に多くの民族や宗教集団が暮らすインドネシアは、一九四五年の独立以来、「多様性の中の統一」を国是として掲げてきたが、民主主義が定着したこの二〇年で宗教的・性的少数派への排斥が増加した。近年のインドネシアでは、多様性や少数派への配慮を重んじるリベラルな人々と、イスラーム的な価値観を重視する保守的な人々との間で分断が広がった。そして、このような社会的分断は政治的分極化を伴い、インドネシアの民主主義を動揺させ、さらに国家制度の脆弱性はそれを助長している。

本章では、インドネシアにおける宗教的少数派への迫害・不寛容や、社会的分断、政治的な分極化がどのように生じているのかを、二〇一八年にグローバル関係学の科研で実施した世論調査や、インドネシア宗教省が二〇一八年に行った調査結果をもとに発表した「宗教間調和指標（Indeks Kerukunan Beragama）」に基づいて、人々の認識から明らかにする。合わせて、人々が迫害・不寛容問題や、その解決方法をどのように考えているのかについても世論調査の結果から分析し、コミュニティ・レベルの紛争や問題を解決する上での国家制度の脆弱性が少数派への迫害を助長し、民主主義を動揺させていることを明らかにする。

一　インドネシア政治とイスラーム

一二―一三世紀頃に東南アジアに伝播したイスラームは島嶼部を中心に漸進的に広がり、現在はインドネシアの人口の八七％がムスリムである。ただし、イスラーム化されなかったバリ島にはヒンドゥー文化が残り、またオランダやポルトガルによる植民地化や中国系住民（華人）の移住などを経験したことで、キリスト教徒やヒンドゥー教徒、仏教徒、儒教信奉者など他宗教の信徒も数多く存在し、各地には土着の伝統宗教も残っている。インドネシアのムスリムのほとんどはスンニー派であるが、数は少ないもののシーア派やアフマディヤ教団[1]のムスリムも存在する。ムスリムはキリスト教など他宗教・他宗派の信徒と日常的に交流・共存してきた伝統を持ち、信仰実践に熱心な信徒もいれば、それほど熱心ではないムスリムもおり、宗教との向き合い方は個々人によって異なっている。

インドネシアがオランダから独立にするにあたって、国家の基礎にイスラームを据えるか否かは重要な問題であった。ムスリムの政治家や学者は新生インドネシアの国家的基礎にイスラームを据えることを望んだが、その考えには必ずしもコンセンサスがあったわけではなかった。独立を主導していたスカルノは、一九四五年三月に建国五原則として知られる「パンチャシラ(Pancasila)」(唯一神への信仰、人道主義、民族主義、民主主義、社会的公正から成る)を提唱し、同年八月にインドネシアの独立が宣言された際にこれは憲法前文に盛り込まれた。このとき、ムスリムの政治家や学者は前文にイスラーム法の適用に関する文言を盛り込んだ憲法の施行を望んだが、独立宣言の直前にキリスト教徒の要請でこの文言は削除された。この事件は当時の敬虔なムスリムの心に「トラウマ」として刻み込まれ、イスラーム法の適用やイスラームの国家原則化は彼らの悲願となって、通奏低音のように、その後のインドネシア政治のなかで繰り返し政治の表層にあらわれることになる。

一九四九年以降、西ジャワ州、アチェ州、南カリマンタン州といったイスラーム色の強い地域でイスラーム国家の樹立を主張するグループが武装反乱を起こし、一九六二年まで続いた。一九五〇年代後半には新憲法制定のために開かれた制憲議会でイスラーム政党が国家原則にイスラームを据えることを主張し、それに反対して国家原則にパンチャシラを据えることを主張した国民党・共産党・キリスト教政党と議会内で激しく対立した。両者の主張は平行線をたどって憲法の起草作業が行き詰まるなか、スカルノ大統領は憲法制定をめぐる議論を打ち切り、制憲議会を解散して、自らに権力を集中させる「指導された民主主義」体制を打ち立てた。

左傾化するスカルノの下で共産党が勢力を拡大すると、イスラーム政党はこれを強く警戒し、国軍との結びつきを強めた。そして、一九六五年九月三〇日の深夜、共産党シンパと見られる国軍内の左派将校らが右派の国軍高官数人を拉致して殺害するという事件が起こる（九・三〇事件）。事件の鎮圧にいち早く動いた陸軍高官のスハルトは、事件は共産党が起こしたクーデタであると断定し、大規模な共産党掃討作戦を展開した。これに呼応してイスラーム勢力は軍の協力の下に民兵集団を組織し、各地で多数の共産党関係者を殺害して、スカルノ大統領の失脚とスハルト体制の成立に貢献した。

しかし、スハルトは大統領に就任すると独裁化を強め、イスラーム勢力を政治的脅威と見なし、その影響力を徹底的に削ぐことに力を注ぐようになる。ゴルカルという政治団体を設立して与党化し、複数のイスラーム政党を合併させて「開発統一党」という名の野党をつくり、党執行部人事に介入して内部から組織を弱めていった。スハルトはまた、パンチャシラを国民道徳として推奨するようになり、小学校から大学までパンチャシラ教育をカリキュラムに組み込み、公務員研修などで学ばせ、あらゆる政治団体・社会団体がこれを組織における「唯一原則」にすることを義務づける法律を制定した。開発統一党やイスラーム団体は、スハルトがパンチャシラをイスラームに代わる国民道徳にしようとしているとして激しく抵抗したが、スハルトはパンチャシラに反対する者は急進主義者であり、国家の敵であるとして力で抑え込んだ。

政治的にイスラーム勢力が抑え込まれる一方で、一九八〇年代以降、インドネシア社会ではイスラーム化が進行した。一九七九年のイラン・イスラーム革命に端を発する世界的なイスラーム復興を背景に、インドネシアでも自覚的に信仰実践を行う人が増えていった。イスラーム国家を希求するのではなく、社会的なイスラーム化を進めていくことを優先させようとする穏健なイスラーム学者や知識人が登場する。あくまでイスラーム国家を望むムスリムは、マレーシアに逃亡してジェマ・イスラミヤ(Jemaah Islamiyah : JI)と呼ばれる急進的な組織をつくり、そのメンバーは民主化後にインドネシアに帰国して、大規模なテロを起こした。

一九九八年にスハルト体制が改革運動によって崩壊した後、インドネシアでは民主化が始まり、言論や報道の自由が保障され、政党設立の自由化、選挙制度改革、大統領直接選挙制の導入、地方自治・地方分権化など民主的な制度が確立していった。イスラーム政党も数多く新設され、一九九九年には四四年ぶりに自由で公正な選挙が行われた。しかし、選挙で高い得票率を上げたのは闘争民主党やゴルカル党といった世俗政党であり、イスラーム政党は選挙で勝てなかった。五年ごとに選挙が行われたが、得票率で上位に立ったのは常に世俗政党であり、内紛などで分裂するイスラーム政党が多かったこともあって、選挙を行うたびにイスラーム政党は下位に沈んでいった。一九九九年から二〇〇二年まで四回にわたって憲法改正が行われたが、憲法前文にイスラーム法についての文言を盛り込むという、独立時からのイスラーム勢力の悲願も、国会で多数派の支持を得られず、立ち消えになった。

民主化が始まった時期、国政や言論界の中心にいたのはリベラルな政治家や知識人であったが、民主化が定着した二〇〇〇年代半ば以降になると、保守的な政治家・知識人が影響力を強めるようになり、「リベラル」という言葉そのものがインドネシア社会で否定的に捉えられるようになった。イスラーム道徳を人々に守らせるためと称して過激な行動に訴える「イスラーム防衛戦線(Front Pembela Islam：FPI)」のようなイスラーム団体が急速に勢力を伸ばし、各地でイスラーム法に沿った条例(シャリーア条例)を制定させようと地方首長にはたらきかけた。特に、二〇〇五年に分離独立運動が終結したアチェでは、長年にわたりアチェの人々が中央政府に求めてきたイスラーム法の施行が実現したが、売春や男女交際を監視する宗教警察の行き過ぎた取締りや、違反者に対する鞭打ち刑に対して批判的視線が向けられている(Feener 2013)。また、カリフ制の樹立をめざすヒズブット・タフリール・インドネシア(Hizbut Tahrir Indonesia：HTI.「インドネシア解放党」とも称される)が官僚機構や大学に浸透し、教育現場でも急進的な考えを持った教師が子どもに思想的影響を及ぼすようになったという調査結果が出されている(Abdallah 2018)。

テロ対策庁はインドネシアのムスリムを次のように四つにマッピングしている。第一は「穏健イスラーム」であり、ナフダトゥル・ウラマやムハマディヤのような既存のイスラーム団体に帰属意識を持つ一般のムスリム、第二は「保守的イスラーム」で、信仰実践に非常に熱心で多様性よりもイスラーム的な価値観を優先して生活するムスリムであり、インドネシアのムスリムのほとんどがこの二つに入る。第三に「急進的イスラーム」で、既存の政治システムを利用してカリフ制国家の樹立をめざすが、インドネシア国家の枠組みの変更までは望んでいないムスリムで、HTIやFPIはこのカテゴリーに入る。第四は「超保守的イスラーム」で、JIや「イスラーム国(IS)」といったテロ組織を含む、インドネシア国家の枠組みを否定してカリフ制国家を樹立しようとするムスリムである。なお、本章では、多元主義的な価値観に基づく民主主義を重視し、宗教的・性的少数派を尊重する人をリベラルなムスリムとし、宗教的な価値観を何よりも重視し、少数派の権利や多元主義には関心を持たない人を保守的、カリフ制のようなイスラーム国家を望ましいと考える人を急進的と形容する。

地域社会で保守的なイスラームが広がる中で、宗教的・性的少数派が差別・排斥・襲撃されるといった事件がしばしば起こるようになり、各地でアフマディヤ教団やシーア派の信徒が暴力的に村を追い出され、礼拝所が閉鎖された。同じような排斥行為がキリスト教の教会に対しても起こり、教会を狙った爆弾テロも勃発している。また、LGBTへの差別や迫害も激しくなった。地方自治体の条例で少数派の宗教・宗派の施設の建設が制限されたり、彼らが信仰実践を公共の場で行うことが禁じられるといった問題も生じた。二〇一六年には、華人でキリスト教徒のアホック・ジャカルタ州知事が演説の中でイスラームを侮辱したとの言説がSNSで広く拡散され、保守的ムスリムが動員されて大規模なデモが複数回にわたって起こり、アホックは政治的に失脚して有罪判決を受け、投獄された。この事件で強い警戒感を抱くようになったジョコ・ウィドド大統領は、HTIを禁じ、ポルノチャットを行ったという口実でFPI総裁の逮捕状を取った（ただし本人は国外逃亡）。さらに政府は、パンチャシラを国民教育として再び本格的に導入する政策を採って、急進主義撲滅の強い姿勢を取っている。

このような保守的イスラームの拡大を背景として、インドネシア社会は保守的なムスリムとリベラルなムスリムとに分断されていく。特に二〇一四年から二〇一九年にかけてその傾向は顕著になり、両年に行われた二回の大統領選挙は分断傾向を促して、政治的分極化をもたらした。少数派や多様性を重んじるリベラルなムスリムは、宗教的少数派が排斥される不寛容な社会になっていくことを懸念し、積極的にその主張を展開するようになった。二〇一四年の大統領選挙でこうしたムスリムの支持を集めたのが、庶民派のジョコ・ウィドド候補であった。対立候補となった元陸軍高官のプラボウォ・スビアントは、強い指導者像をアピールして大統領選を善戦し、僅差でジョコ・ウィドドに敗れたものの、五年後の大統領選挙で勝利すべく保守的ムスリム層に接近する。保守的ムスリムは、キリスト教徒のアホック・ジャカルタ州知事と懇意で[2]、リベラル派の支持が強いジョコ・ウィドドを嫌い、自分たちの政治的意思を国政に反映してくれると期待して、プラボウォと彼のグリンドラ党への支持を強めていった。社会的分断はこのように大統領選挙を通じて政治的分極化を促すことになったが、こうした社会的分断や政治的分極化は人々の認識にどのように反映されているのだろうか。次節では、世論調査などの結果からそれを見ていこう。

二　宗教間調和指標と民主主義の必要性についての認識

世論調査は、本科研がインドネシアの調査会社メディアンに委託して、二〇一八年一―二月に実施した。全三四州(各州の位置は図7-1を参照)を対象に、人口数に応じて州ごとに無作為抽出した一五〇一人の回答者から対面調査で回答を得た[3]。

図7-2は、宗教間調和指標[4]、民主主義必要性認識、ムスリム比率に基づいて三四州の位置づけを、サンプル数でウェイト付けした散布図である。縦軸の宗教間調和指標は、数値が大きいほど少数派に

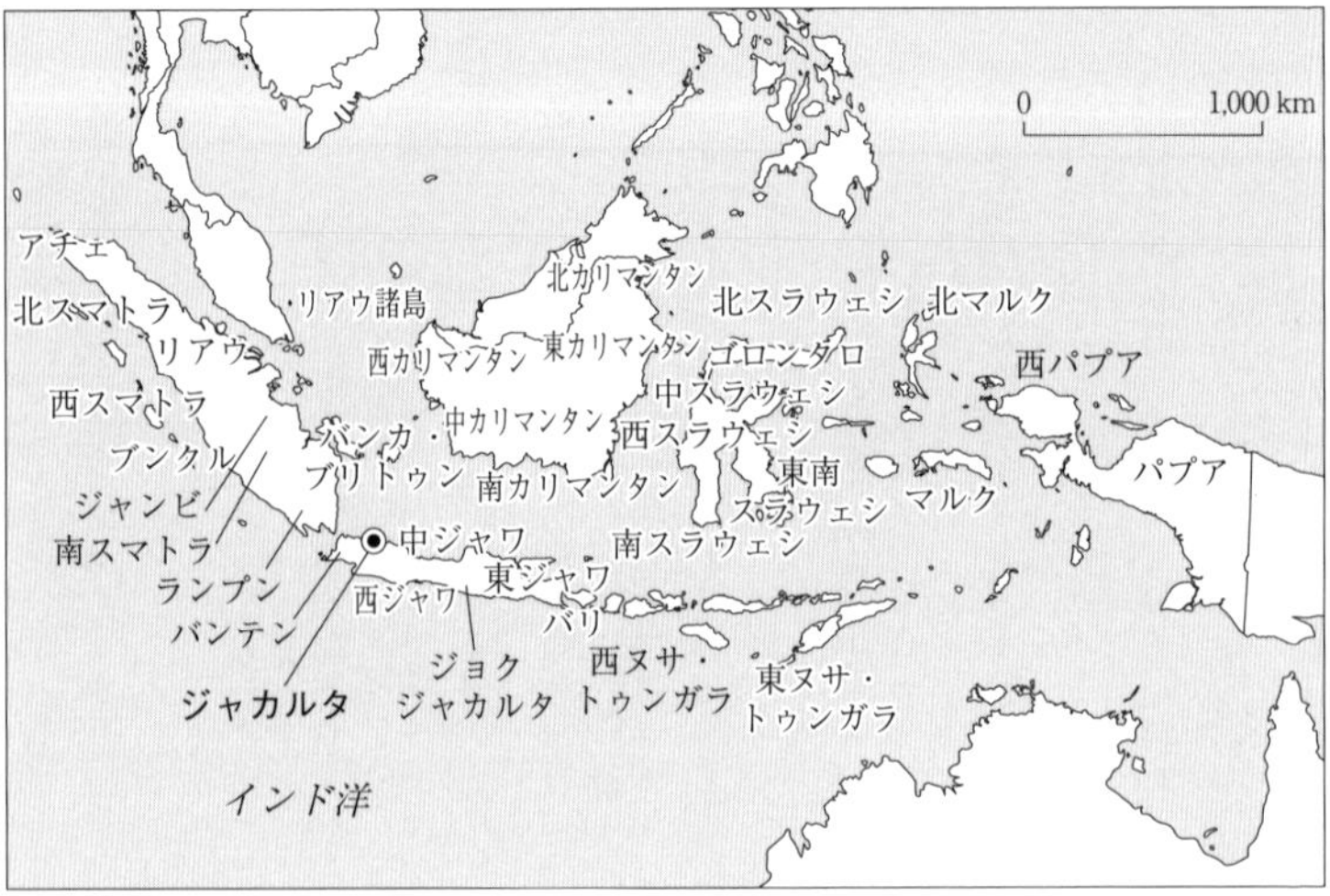

出所）筆者作成(以下同).

図 7-1　インドネシア全34州

対する寛容度が高く、異なる宗教共同体の間で調和が保たれていることを示し、数値が小さくなるほど少数派に対して差別や迫害が起き、宗教共同体の間で調和が保たれていないことを示している。横軸の民主主義必要性認識は、世論調査の結果から民主主義の必要性を認識していると答えた人の割合を示している。その州の全ての回答者が民主主義を必要と認識している場合は1で、必要性を認識する回答の割合が低くなる（つまり「必要なし」回答と無回答の比率が高い）に従って0に近くなる。その州におけるムスリム人口の割合については円の濃淡で、円の大きさはサンプル数でウェイト付けしている。

この図から、民主主義必要性認識が高いほど宗教間調和指標が高くなる一方、ムスリム人口が多いほど宗教間調和指標が下がっていく傾向を確認することができる。図の右上に

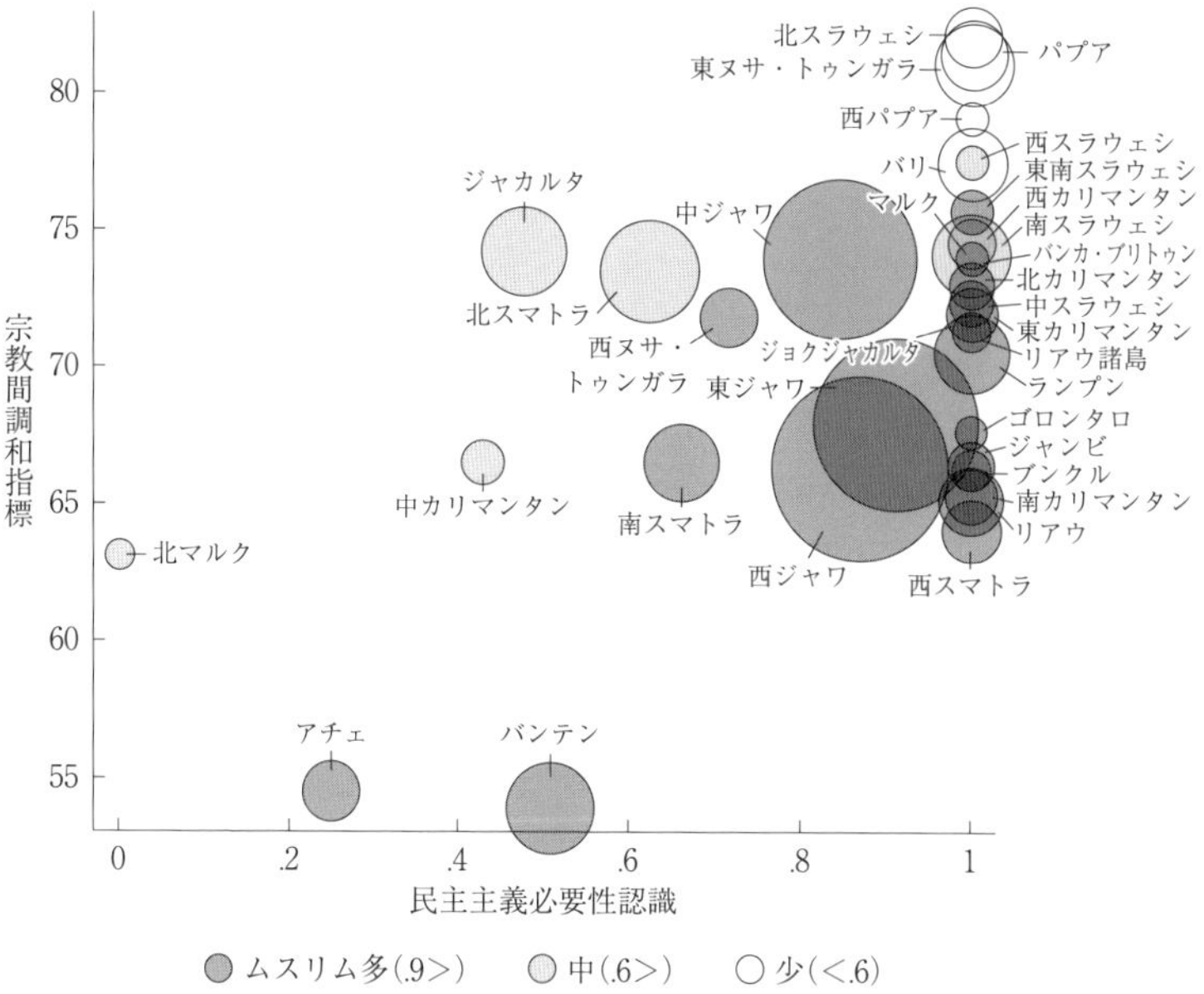

図 7-2　宗教間調和指標と民主主義必要性認識

位置している州は宗教間調和指標が高く、かつ民主主義必要性認識も高い。これらの地域はキリスト教徒やヒンドゥー教徒が多く、相対的にムスリムの割合が低い州でもある。ムスリムが多くても民主主義は必要だと考える人が多い地域では宗教間調和指標は高く、民主主義必要性認識が少数派に対する差別や迫害を緩和する可能性が示唆される。ムスリム人口比が高く、民主主義必要性認識が低い地域は、宗教間関係が緊張する傾向にあり、たとえばバンテンとアチェでは、実際に宗教的少数派に対する差別や迫害が頻繁に起こっている。

三　ムスリムと非ムスリムにおける望ましい統治の違い

世論調査の結果を検討すると、ムスリムと非ムスリムとの間で望ましい統治のあり方をめぐる相違が見えてくる。図7-3は、統治のあり方に関するいくつかの項目について肯定的な回答の比率(1に近いほど肯定的回答が多い)をムスリムと非ムスリムで比較したものである。これを見ると、民主主義の必要性については、ムスリムの方が若干低いものの、ムスリム・非ムスリムで認識が共有されていることがわかる。民主主義に対する不満や不満理由(汚職や秩序の混乱)についても、ムスリムと非ムスリム双方で低い値を示し(つまり満足と回答した人の割合が多い)、ほとんど差異がない。また、宗教的な急進主義の脅威の有無については、ムスリム・非ムスリムともに脅威があると感じている人が一定割合いることがわかる。

しかし、次の項目はムスリムと非ムスリムで異なる。顕著に相違が出たのが、知事と副知事の宗教、知事と有権者の宗教である。ムスリムは知事・副知事、知事・有権者ともに同じ宗教が望ましいと答えており、このことは州知事も副州知事も有権者と同じムスリムであるべきだと考える傾向が強いことを意味している。それに対して、非ムスリムは知事・副知事、知事・有権者はそれぞれ異なる宗教であることが望ましいと考える傾向にある。つまり、非ムスリムである自分たちを代表する非ムスリムの知事あるいは副知事がいることを望み、知事と副知事は異なる宗教の組み合わせ、すなわちムスリムと非ムスリムの組み合わせであることが好ましいと考える人が多いことを示している。この点で、ムスリムと非ムスリムの考え方は対照的である。

差別・不寛容・迫害問題の解決方法についても、ムスリムと非ムスリムで大きく異なっている。「少数派が自制することで解決する」という考え方には、多数派であるムスリムは賛成が多く、少数派である非ムスリムは反対が多い。他方で、「多数派が自制することで解決する」という考え方には、多数派であるムスリムは反対が非常に多く、少数派である非ムスリムは賛成が多い。

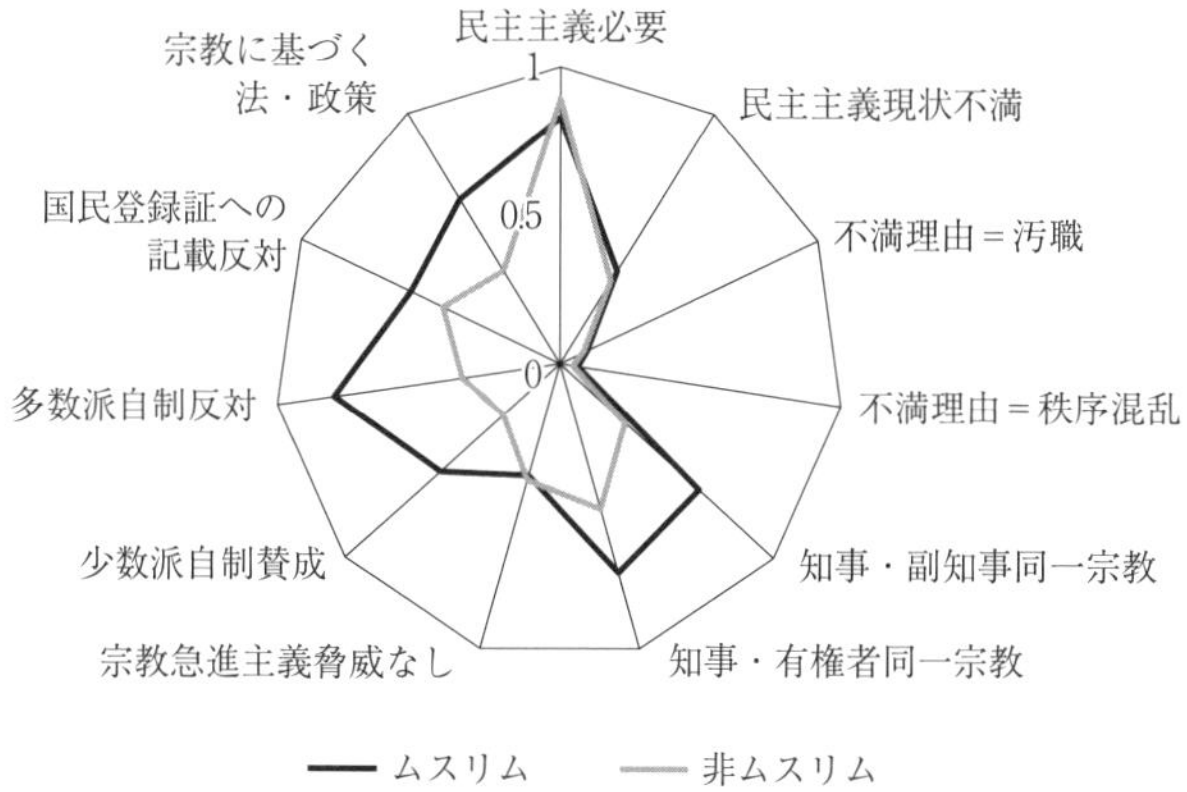

図7-3　望ましい統治――ムスリムと非ムスリム

国民登録証への記載についても意見が分かれている。インドネシアでは、成人の国民に国民登録証の携行が義務づけられており、このカードには所有者の宗教が記載されている。インドネシアでは公認六宗教（イスラーム、カトリック、プロテスタント、仏教、ヒンドゥー教、儒教）が定められているが、国民の中には公認六宗教以外に土着の伝統信仰や祖先崇拝を信じている人もいる。しかし、長年にわたり、これらは宗教とは見なされず、登録証への記載が事実上認められていなかった。近年になって、これは憲法の定める信仰の自由に反しているとして憲法裁判所に違憲審査が申し立てられ、二〇一七年一一月には違憲が認められて国民

登録証に公認六宗教以外の伝統信仰が記載できるようになった。しかし、この判決にインドネシア・ウラマー評議会は反対を表明し、また保守的なムスリムの論客は伝統信仰や祖先崇拝はイスラームと同格の「宗教」とは見なせないとして記載に反対した。この世論調査では一般の人々の考え方を確認したが、やはりムスリムでは記載に反対する意見が多く、非ムスリムでは記載を許容する意見の方が多い。

宗教に基づく法・政策とは、「法律や政策は宗教の教えに基づかなくてはならない」という言明への賛否を問うたものであるが、ムスリムで賛成の回答が多く、非ムスリムには反対の人が多い。インドネシア全体で九割近い人がムスリムであり、多くの州でムスリムが多数派を占めているので、インドネシア全体で、あるいは地域社会において法律や政策がイスラームの教えに基づくことになれば、非ムスリムが反対するのは当然である。

このようにムスリムと非ムスリムとの間で望ましい統治をめぐる考え方に非対称性があることがわかる。そして、ムスリムの間で宗教的な価値観を重視する人が多くなるほど、望ましい統治をめぐる考え方で非ムスリムとの乖離が大きくなると考えることができる。

四　闘争民主党支持者とグリンドラ党支持者に見る政治の分極化

次に、ジョコ・ウィドド大統領の与党である闘争民主党の支持者と、二〇一四年・二〇一九年の選挙時にジョコ・ウィドドの対立候補であったプラボウォのグリンドラ党の支持者との認識の違いを世(5)

論調査の結果から確認したい。図7-4は、両政党それぞれの継続、新、旧の支持者が望ましい統治をどのように認識しているかを示したものである。項目は図7-3とほぼ揃えている。「継続」は二〇一四年選挙時と二〇一八年世論調査時で同じ政党を支持している人、「新」は二〇一四年選挙時は別の政党の支持者であったが、二〇一八年調査時は支持政党を変更して当該政党を支持することにした人、「旧」は二〇一四年選挙時は当該政党を支持していたが、二〇一八年調査時は別の政党に支持を変えた人を指す。この図からは、両政党の支持者が二〇一四年選挙時から世論調査時の二〇一八年にかけてどのように変化したかを見ることができる。

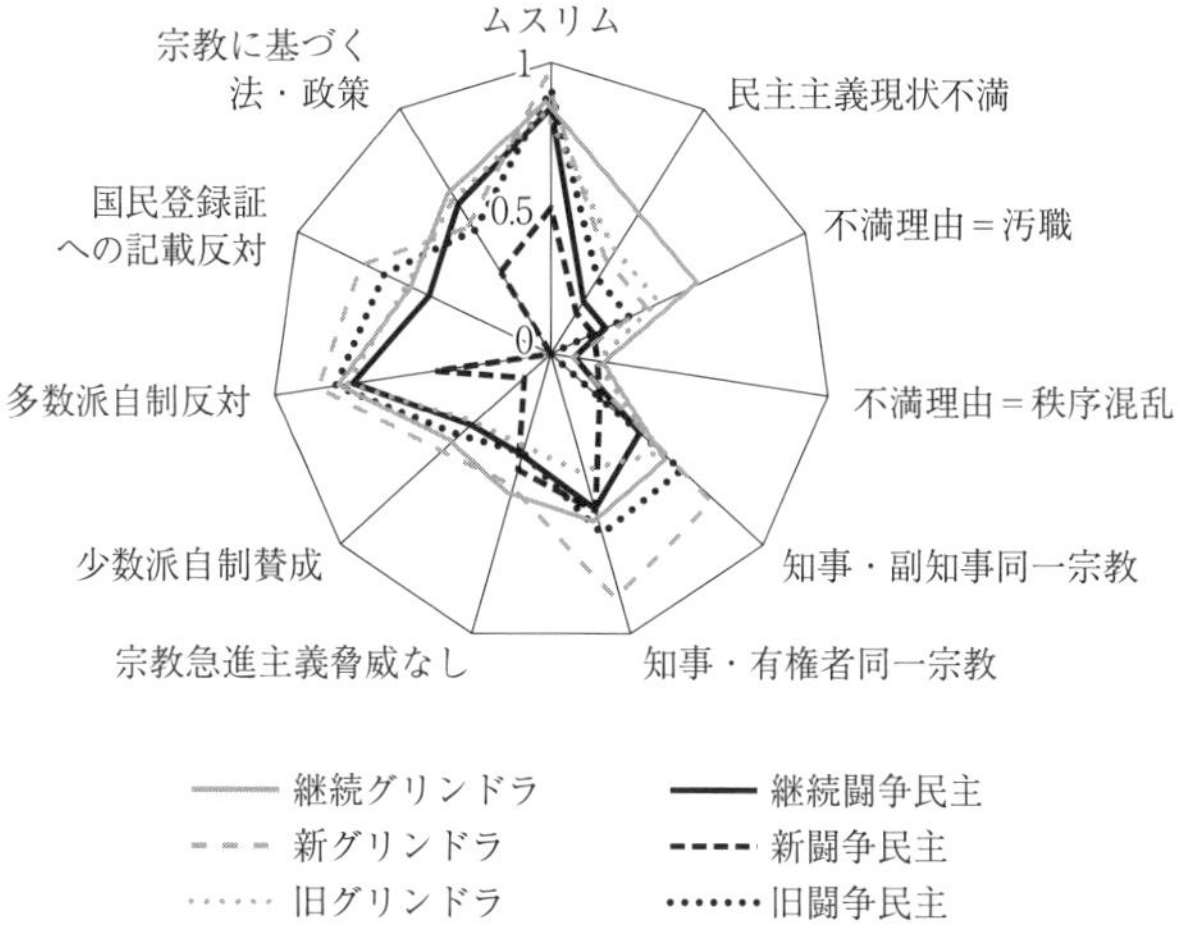

図7-4　望ましい統治——闘争民主党とグリンドラ党

　与党である闘争民主党の支持者は現状の民主主義に対する不満はあまりなく、それゆえに不満の理由として汚職や秩序混乱を挙げる人もきわめて少ない。ただし、旧支持者に不満がより大きく（ゆえに支持を撤回したのかもしれない）、新支持者には不満がより小さい傾向がある。知事と副知事、知事と有権者の宗教については、特に知事・副知事の宗教が異なることを望んでいる人が継続と新支持者に多く、旧支持者と異なる。図7-3と合わせて見ると、闘争民主党継続支持者はムスリムが多数派を占めているが、この点においては非ムスリムと認識を共有していることがわかる。また、新支持者は非ムスリムを半数程度含んでいることもあり、知事・副知事の宗教が異なることを強く望んでいる。

差別・不寛容・迫害の解決方法については、多数派が自制することに反対するという点で、闘争民主党の継続・旧支持者はグリンドラ党とあまり変わらないが、新支持者は少数派自制に強く反対し、多数派自制にも賛成の立場であり、継続・旧支持者と大きく異なっている。また、国民登録証への伝統信仰記載反対と宗教に基づく法・政策でも、継続・旧支持者はグリンドラ党支持者とほとんど変わらないが、新支持者は国民登録証に伝統信仰を記載することに賛成している人がほとんどであり(つまり少数派の信教の自由を尊重する人が多い)、法律や政策に宗教の教えが反映されることにも否定的である。このように、二〇一四年から二〇一八年にかけて闘争民主党に対しては、宗教的価値を重視する保守的なムスリムが支持をとりやめ、代わりに非ムスリムを含む、少数派への配慮を重視したリベラルな人が新たに支持者になったという変化を見ることができる。

他方で、野党であるグリンドラ党の支持者は、特に継続支持で民主主義の現状への不満が大きく、その理由として汚職を挙げている人が多い。知事・副知事と知事・有権者の宗教については、新支持者で同一であることを望む人が旧支持者や継続支持者よりもはるかに多い。新支持者はまた、差別・不寛容・迫害の解決方法として多数派が自制することに反対する人が継続支持者より若干多く、国民登録証への伝統宗教の記載についても反対が多い。つまり、宗教的価値を重視する人がグリンドラ党の新しい支持者になっているのである。

闘争民主党とグリンドラ党の継続支持者は、与党・野党の違いがあるために民主主義の現状について不満の多寡が異なるものの、宗教的価値観や少数派への配慮が反映されるそれ以外の項目ではほとんど変わらない。しかし、新・旧の支持者の特徴に注目すると、闘争民主党からは宗教的価値を重視する支持者が抜け、少数派を尊重する人が支持するようになって、全体としてリベラルな方向へとシフトしており、グリンドラ党は逆に少数派を尊重するリベラルな支持者が抜け、宗教的価値を重んじる人が支持するようになり、全体として保守化した。二〇一四年から二〇一八年にかけて社会の分断により政治的な分極化が進み、それはこの両党の支持者の変化に明確に反映されていた。

五　国家制度の脆弱性と少数派迫害問題

このように社会の分断や政治的な分極化が起こる中で、少数派への差別・不寛容・迫害の問題を解決していく上で国家が果たすべき役割は大きい。図7-5は、こうした問題への解決方法についての賛否に関する回答である。これまでも見てきた通り、「少数派が自制すべき」「多数派が自制すべき」という解決方法に対しては、ムスリムと非ムスリム、保守派とリベラル派で賛否が大きく分かれている。しかし、「政府による法の支配の強化」、すなわち不寛容行為や迫害に対して政府や地方政府が対策をとり、警察が取締りを強化し、裁判所が加害者の責任を認定することや、「政府がパンチャシラ教育を拡大すべきである」という解決方法に対しては七割近くが賛成している。

しかしながら、法の支配を強化すべき国家制度に対する人々の信頼感は決して高いものではない。

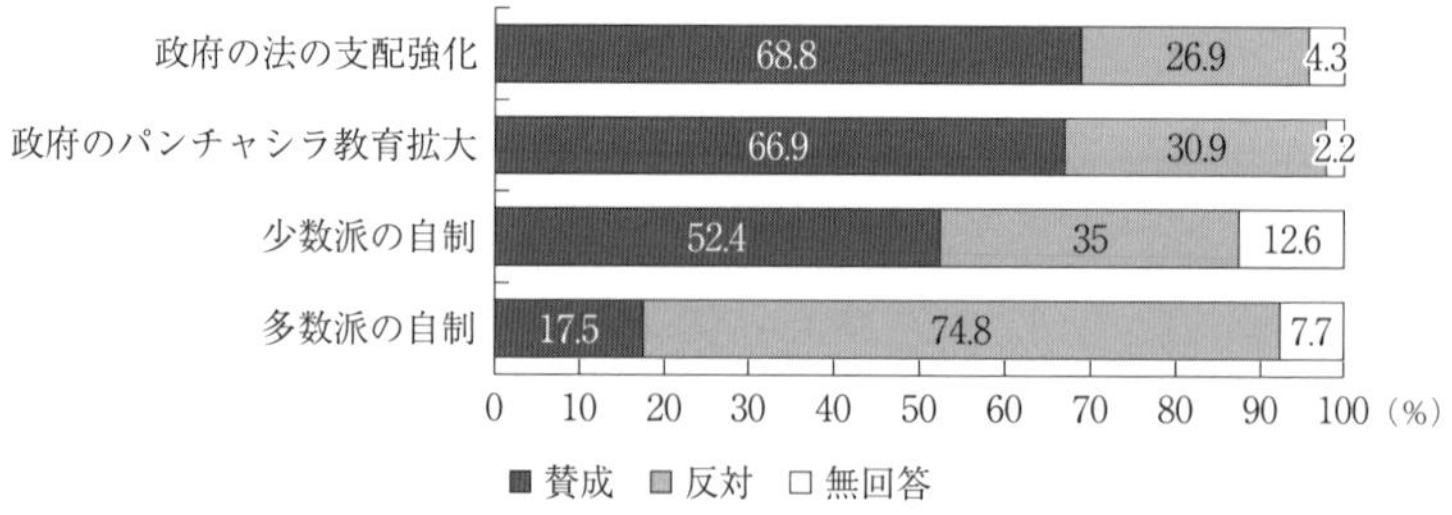

図7‐5　少数派差別の解決方法

図7‐6は、人々の国家制度への信頼度を示した世論調査の結果である。国軍や大統領への信頼度が高い一方で、政党、国会、地方裁判所、警察への信頼は低く、警察にいたっては「とても信頼」「信頼」を合わせても一〇%しかない。民主主義下では国家制度に対する国民の批判的視線が世論調査の結果に反映されやすく、調査結果はそれを如実に表している。国民の国家制度への評価を下げている要因の一つが汚職であり、インドネシアでは政治家、官僚、警察、裁判官にいたるまで汚職が広がっており、腐敗しているイメージの強い警察は信頼感が特に低くなっている。

とはいえ、日常生活の中で問題が起これば、信頼していなくても警察に助けを求めざるを得ない。図7‐7からは、泥棒に遭った際に七割の人が警察に助けを求めることがわかる。また、学校や道路などインフラ建設を望む場合は、六割の人が中央政府や地方政府に助けを求める。しかし、この図からもわかる通り、こうしたフォーマルな制度に頼る人はそれほど多くはなく、フォーマルな制度と同じくらいかそれ以上に、人々はインフォーマル・リーダーに助けを求めている。ここでのインフォーマル・リーダーとは、地域社会の有力者、慣習法指導者、宗教指導者を指す。コミュニティで紛争が生じたときに警察に頼ると答えた人は

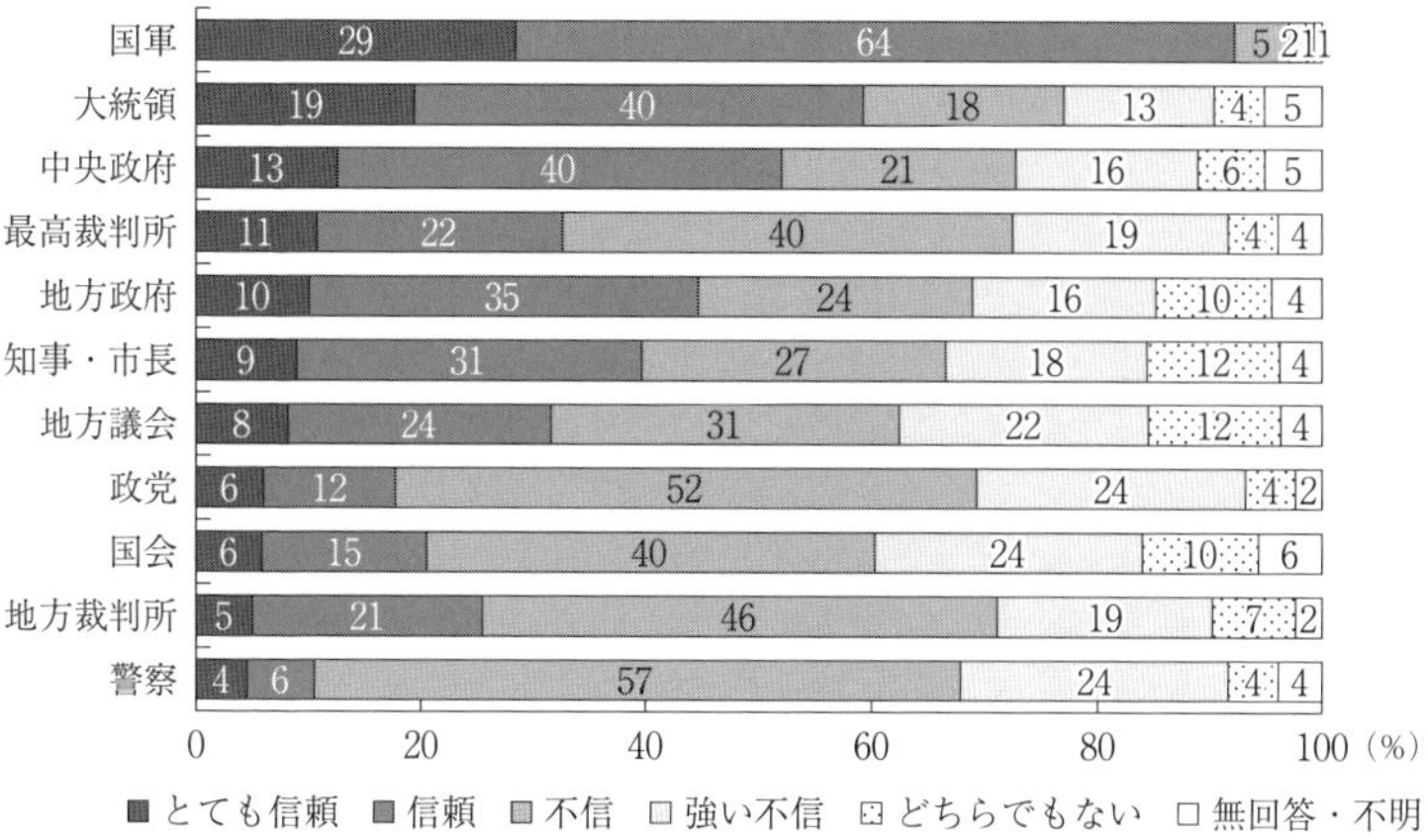

図 **7-6**　国家制度への信頼度

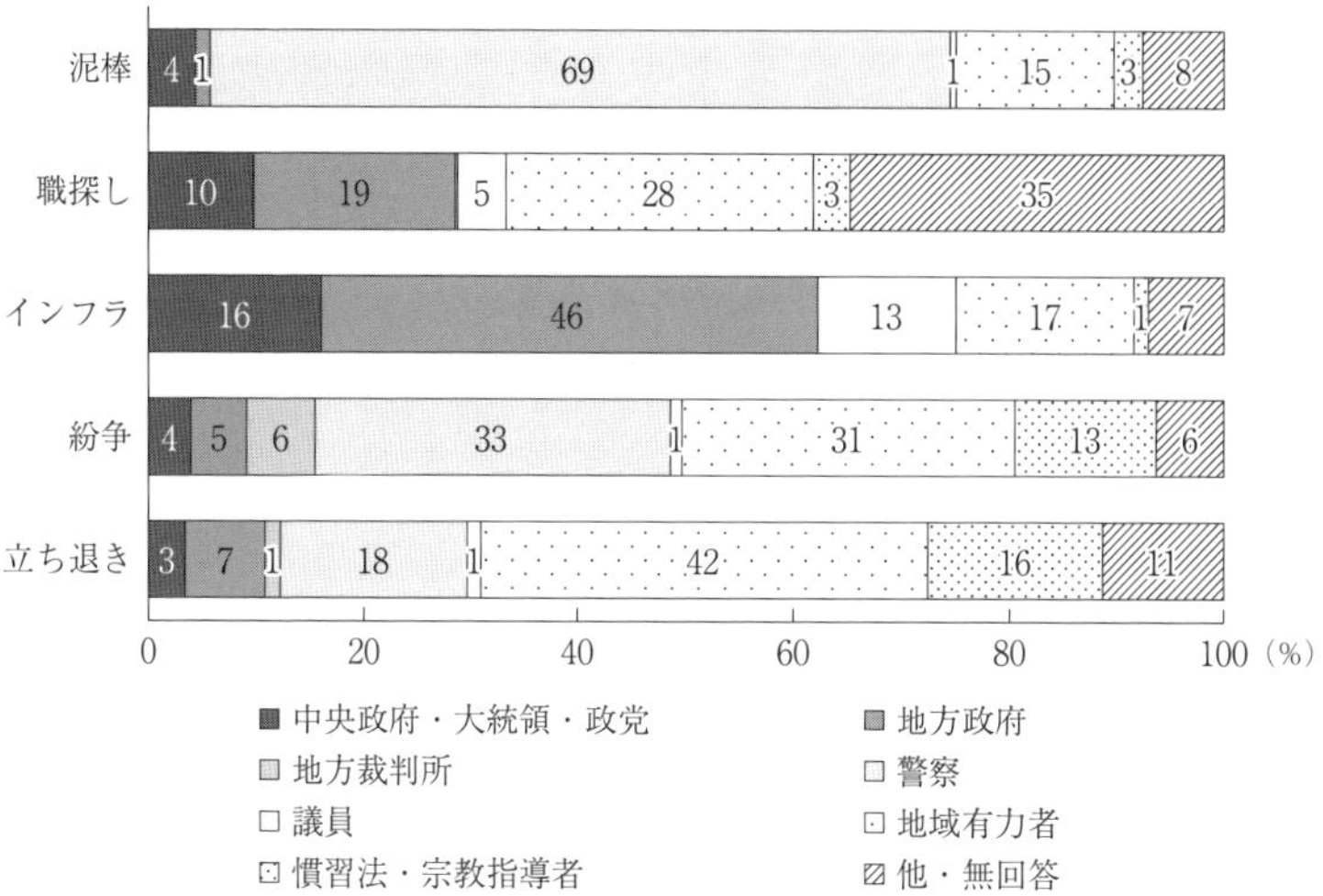

図 **7-7**　助けを求める相手

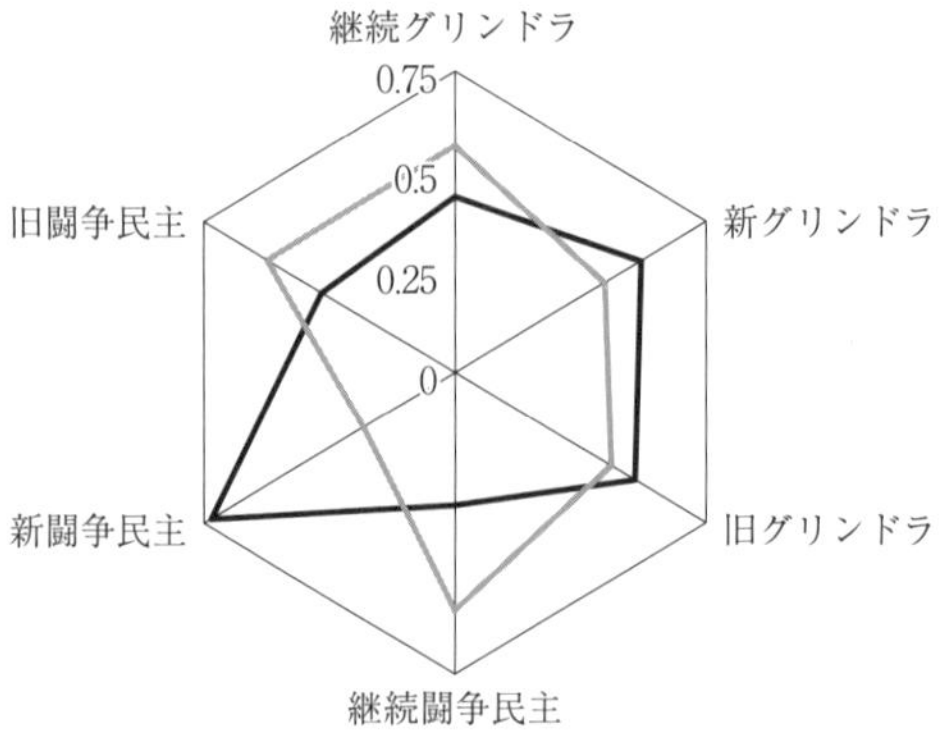

図 **7-8**　助けを求める相手：政党支持者別

三〇％程度しかおらず、泥棒に遭ったときの半分以下となる。代わりに地域有力者や慣習法・宗教指導者に頼ると答えた人は四割を超える。また、立ち退きに遭ったときには六割近い人が地域有力者や慣習法・宗教指導者に頼ると答えている。

実際に、少数派への迫害が起こっている現場で警察が迫害行為を黙認していることがしばしば報告されている。地方政府は不寛容行為や迫害を取り締まる立場にありながら、逆に少数派の信仰実践や宗教施設の建設・維持に制約を課す条例を出すことすらある。地方裁判所も少数派の人権に配慮した判決を出すことは少ない。中央政府などが問題の解決のために、法の支配の強化やパンチャシラ、「多様性の中の統一」の護持を主張しても、地域の警察や地方政府、地方裁判所が当該地域の多数派との関係性に引きずられていたら、法の支配は貫徹されない。

国家制度がこのように脆弱であると、地域社会でのインフォーマル・リーダーに頼ろうとする認識はさらに強くなる。グラフにはないが、「治安秩序を維持するためには人権侵害もやむを得ない」という言明に反対している人ほどインフォーマル・リーダーに頼ろうとする傾向がある。図7-8を見ると、闘争民主党の新支持者にインフォーマル・リーダーに頼ろうとする意識が強いことがわかる。つまり、少数派の人権や社会の多元性を重視するリベラルな人々の間で、国家制度に対して批判的で、地域有力者や慣習法・宗教指導者を頼る傾向があることを示している。

しかし、地域社会で影響力を持つインフォーマル・リーダーは多くの場合、決して中立的ではなく、所属するコミュニティの多数派の意見を代弁する傾向が強い。ムスリムが多い地域ほど多数派が自制する必要はないと考える人が多く、こうした人々の認識を代弁する地域社会のリーダーが問題を解決しようとしても、それは少数派を尊重し、保護する方向へと必ずしも導くものではない。国家制度の脆弱性がインフォーマル・リーダーへの依存を強めるとしたら、少数派迫害問題の根本的な解決がかえって遠のくことになりかねない。

おわりに

少数派に対する差別・不寛容・迫害問題が解決しない中で、与党・闘争民主党と政府は、こうした問題への対処として、またテロ・過激派対策として、宗教急進主義の撲滅に乗り出し、公務員や国営企業職員に対してパンチャシラなどを踏み絵として思想調査を行って急進主義者をあぶり出そうとしている。保守的なムスリムの増加やリベラル派の警戒感の高まりによって社会的分断や政治的分極化が進み、社会の致命的な分裂の回避と治安維持のために、政府は以前より権威主義的な手法を用いるようになっている。

リベラルな人からの支持が拡大したはずのジョコ・ウィドド政権が、むしろ権威主義的な手法を用いるようになり、そのような権威主義的な手法を、民主主義を重んじているはずのリベラルな支持者が許容するという、きわめてパラドキシカルな事態が起こっている。しかし、それは、これまで論じてきた通り、インドネシア社会において影響力を拡大している保守的ムスリムとの関係性の中で起こっていることなのである。他方で、中立的な立場から法の支配を貫徹すべき国家制度は、当該地域における多数派－少数派関係に絡めとられ、地域社会においてそれを遂行することができない。中央でじわじわと進む権威主義化と、地域社会で続く少数派への迫害は、インドネシアの民主主義を内部から蝕んでいる。

注

(1) 一九世紀末にインド北部で生まれたイスラーム改革派団体。創始者であるミルザ・グラム・アフマドを救世主と見なす。インドネシアには二〇世紀前半に伝わった。ムハンマド以後にも預言者がいるという解釈をとっており、スンニー派からは異端と見なされている。

(2) ジョコ・ウィドドは、大統領就任前はジャカルタ州知事であり、そのときの副州知事がアホックであった。

(3) 世論調査の方法とその結果の詳細は、Masuhara and Rostika (2020) を参照。

(4) 宗教間調和指標は、宗教省が毎年実施している調査に基づいたもので、全三四州から四〇〇人ずつ無作為抽出した一万三六〇〇人の回答者に宗教共同体間の関係の寛容性、信仰実践の平等性、宗教共同体間の協力関係について尋ねた回答をもとに同省が作成した指標である。なお、この調査には民主主義の必要性等の質問は含まれていない。

（5）二〇一九年選挙後にプラボウォが国防大臣として入閣し、政権側に取り込まれたために、グリンドラ党は現在は野党ではないが、二〇一八年時点ではジョコ・ウィドド大統領と闘争民主党の最大のライバルであった。

参考文献

Abdallah（2018）"Literatur Islamis dan Generasi Milenial," *Koran Tempo*, 19 Jan.

Feener, Michael（2013）*Shari'a and Social Engineering: The Implementation of Islamic Law in Contemporary Aceh, Indonesia*, Oxford University Press.

Masuhara, Ayako and Mya Dwi Rostika（2020）*2018 Opinion Poll of Indonesia: Sampling Method and Descriptive Statistics*, "Relational Studies on Global Crises" Online Paper Series No. 12: Research Report No. 5 May 18, 2020. http://www.shd.chiba-u.jp/glblcrss/online_papers/onlinepaper20200518.pdf（二〇二〇年七月一一日閲覧）

第8章 民主主義とミャンマー
――紛争後の国家再建の行方――

増原綾子
鷲田任邦
ウィンウィンアウンカイン

はじめに

多民族国家ミャンマーでは、独立後、少数民族武装勢力による分離独立運動が各地で起こった。武装闘争は内戦の様相を呈し、武装勢力と戦う国軍が次第に国政における影響力を拡大させ、一九六二年に軍はクーデタによって権力の座に就き、紛争と軍による長期支配はミャンマーを疲弊させた。二〇一一年より軍政はロードマップに従って漸進的に民主化を進め、二〇一五年に行われた総選挙では民主化指導者アウンサンスーチー(以下、スーチー)が率いる国民民主連盟(NLD)が勝利をおさめ、軍政は終結した。この間、政府・国軍と少数民族武装勢力との間で次々と停戦が実現した。

民主主義は、長期の紛争と軍政が続いたミャンマーを変えることができるであろうか。現在もミャンマーでは国軍の政治的影響力が色濃く残っている。また、一部の地域では紛争が継続しており、軍事作戦が展開されている。とりわけバングラデシュとの国境地域にあるラカイン州では、軍によるロヒンギャへの人権侵害とその難民化が問題になっている。民主化途上にあるミャンマーが軍による強権に依存することなく、多様な民族が共存する国家へと生まれ変わることができるとすれば、その鍵となるのは、民主主義の下で影響力を持ち始めている一般の人々の認識である。彼らが考える望ましい国家のあり方は、今後のミャンマーの行く末を占う上で重要となる。

このような関心から、筆者らはミャンマーで二〇一八年一一月から一二月にかけて、五〇〇人を対象に世論調査を実施した。本章では、その調査結果を分析することでミャンマーの民主主義と国家再建の行方を考察する。

一　紛争と軍政、そして民主化

イギリスによる植民地統治は、独立後のミャンマーの民族間関係に大きな影を落としている。イギリスは多数派民族であるビルマ族の住む地域を直轄支配する一方で、ビルマ族との長い争いの歴史を持つ各地の少数民族に対しては藩王らを通じた間接支配を行った。その結果、同じ英領ビルマにありながらもビルマ族と少数民族の間では共通のナショナリズムが形成されないまま、ミャンマーは独立を迎えることとなった。

第二次世界大戦後、英領ビルマの領域を維持しながらイギリスからの独立をめざしたアウンサン将軍は、一九四七年にシャン州パンロンに各地の少数民族を招いてミャンマーへの統合を呼びかけた。しかし、この会議にはカレン族、モン族、ラカイン族などいくつかの主要な少数民族は招かれず、会議に招かれたシャン族などに対しても、一〇年を経た後にミャンマーから離脱できる権利が与えられた。カレン族やモン族は分離独立運動を開始し、一九五〇年代半ばになるとシャン州でも独立を実現するための武装組織が設立された。ラカイン地域でも独自の州の設置運動が本格化した。

分離独立運動を展開した少数民族は大幅な自治権の付与を要求したが、ビルマ族は応じず、辺境各地で相次いだ武装闘争は内戦の様相を呈することとなった。一九四七年にアウンサン将軍が暗殺されると中央政府では政治的競争が激化し、共産党の反乱や中国国民党軍によるシャン州への侵入など混乱が続いた。国政が混乱する中、ネーウィン将軍を中心とする国軍は、一九六二年にクーデタを行って政権を奪取したが、このときウー・ヌ首相は少数民族による武装闘争を打開すべく連邦制の導入をめぐる会議を開催しており、これに反対していた軍がクーデタに訴えたとも言われている（五十嵐二〇一五）。

ネーウィンはビルマ式社会主義を謳い、外国資本を締め出して自力での社会主義社会の建設をめざした。ビルマ社会主義計画党（ＢＳＰＰ）を設立し、形式上の民政移管を行ってＢＳＰＰ政権が樹立されたが、この党には数多くの軍人が加わり、政権運営は軍人が担うことになった（中西二〇〇九）。また、国営企業にも多数の軍人が出向して、経済も軍人によって支配された。しかし、ネーウィンによる社会主義政策は失敗し、経済は停滞して国民生活は疲弊していった。

辺境地域では国軍と少数民族武装勢力との戦闘が続き、少数民族のゲリラ部隊は地域で産出された宝石や木材、アヘンなどを売って隣国の支援を受けながら国軍部隊と互角に渡り合い、自分たちの支配領域を維持した。他方、一九七四年に制定された憲法では、ミャンマーはすべての「土着民族」から成ると規定され、それはカチン、カヤー、カレン、チン、モン、ビルマ、ラカイン、シャンの八つの主要民族であり（モン以外のそれぞれの民族にはサブカテゴリーがあり、全部で一三五民族から成る）、ビルマ族居住地域は「管区」、ビルマ族以外の七民族が居住する地域には「州」の行政単位が設置された。一九八二年に制定された国籍法では、国民は一八二三年以前、すなわち第一次英緬戦争が始まる以前からミャンマー領内に居住していた土着民族であると規定された。つまり、ロヒンギャ族は一九七四年憲法や一九八二年国籍法における「土着民族」には該当せず、ミャンマー国民とは見なされないことになる。彼らは、一八二四年に始まる第一次英緬戦争以降に現在のバングラデシュ地域から流入した「インド系ムスリム」や「ベンガル人」と見なされ、軍政下で不法移民として扱われるようになった。一九七八年には不法移民追放政策が採られて、二〇万人のロヒンギャが難民化した。「ロヒンギャ」という民族名称すら、ミャンマー国内では使用がタブーとなった。

一九八八年、首都ヤンゴンで軍政に対して大規模な反政府デモが起こる。ネーウィンは引責辞任し、BSPP政権は崩壊したが、デモは拡大の一途をたどり、事態が収拾不能になることを恐れた国軍はクーデタを敢行する。軍は憲法を廃棄し、国家法秩序回復評議会（SLORC）を設置し、この軍事評議会が全権を握った。当初、軍政は複数政党制に基づく選挙の実施を認めたが、スーチーを自宅軟禁下に置き、NLD幹部を逮捕した。そして、軍が設立した政党が選挙で惨敗すると、軍政は選挙結果を認めず、無憲法状態の下で権力を維持し続けた。

社会主義は放棄され、市場経済の導入が図られたが、国際社会から民主化運動の弾圧を批判されて経済制裁を課されたため、経済は停滞したままであった。冷戦終結後、中国やタイとの国境貿易を進めて経済の立て直しを図った政府は、両国に対してビルマ共産党への支援を取りやめるよう働きかけた。これによって中国の後ろ盾を失った共産党は少数民族ごとに分裂したが、民主化運動を主導していた学生活動家が共産党との結びつきを強めることを恐れた政府は、一部の少数民族武装勢力と停戦で合意した。しかし、少数民族が長年求めてきた連邦制導入をめぐる協議は、その後も行われなかった。二〇〇七年には軍政に抗議する大規模なデモが再びヤンゴンなどで起こったが、苛烈な軍事的弾圧で終わった。

政治的経済的停滞から脱却するため、軍政は「上からの民主化」を開始した。二〇〇三年に民主化ロードマップを発表し、それに従って二〇〇八年に新憲法を制定し、二〇一〇年には総選挙を実施した。二〇一一年には憲法が発効し、連邦議会が招集され、テインセイン将軍が大統領に就任した。彼はスーチーの自宅軟禁状態を解き、彼女と面会して和解を演出した。また、少数民族武装勢力に和平交渉を呼びかけ、停戦を進めた。長年にわたり凍結状態になっていた「フェデラル連邦制」に向けた話し合いも再開され、ビルマ族と少数民族との関係は改善し、二〇一一年から一二年にかけて一三の少数民族武装勢力との間で停戦合意に達した。

二〇一五年選挙でNLDは大勝して、スーチー政権が成立する。ただし、スーチーは憲法の規定(五九条F)により、外国人配偶者を持つミャンマー人であるため大統領にはなれず、大統領の上位につくられた「国家顧問」というポストに就任した。二〇二〇年現在、スーチー政権の下で民主化が進められているが、次のような問題から、ミャンマーの民主主義や国民統合の行く末は楽観視できないものとなっている。

第一に、国軍の政治的プレゼンスの継続である。二〇〇八年憲法では、国防相、内務相、国境相の三閣僚には現役の軍人が充てられ、国軍司令官の任命によるとされ、また非常事態宣言下では国軍司令官が国家の全権を担い、非常事態宣言の発令は現役軍人を含む国防治安評議会が決定すると定められている。さらに、国軍司令官は連邦議会議員、地方議会議員の定数の四分の一まで指名でき、連邦議会の国軍代表議員は三人の大統領候補のうち一人を選ぶことができる（工藤二〇一五）。国軍は憲法改正に対する事実上の拒否権を持っており、実際に二〇二〇年三月に憲法改正は議会での投票で否決された。議会における軍のプレゼンスがある限り、軍に特権を与えている憲法は改正できず、憲法が改正されない限り、軍の政治的プレゼンスは継続する。

第二に、ロヒンギャを含む、少数派であるムスリムへの深刻な差別・不寛容・迫害が起こっていることである。二〇一二年五月にラカイン州で起こった仏教徒女性の殺害事件をきっかけに、ミャンマー各地で反ムスリム感情が広がり、大規模な反ムスリム暴動が発生した。過激な仏教僧が台頭し、九六九運動と呼ばれる反ムスリム運動を展開、マバタ（Ma Ba Tha.「ミャンマー愛国協会」）と呼ばれる極右仏教徒組織を設立した。彼らは、仏教徒女性がムスリム男性と結婚するとイスラームへの改宗を強制され、子どももムスリムとなるため、ミャンマーがムスリムに乗っ取られてしまうと主張し、反ムスリム感情を煽った。こうした反ムスリム感情の高まりの中、ラカイン州では、二〇一六—一七年にイスラーム急進派のロヒンギャ武装勢力が警察や国軍を襲撃する事件が起こったことをきっかけに大規模な軍事作戦が展開され、一〇〇万人規模のロヒンギャ難民が流出した（高田二〇一九）。

最後に、紛争地域は減ったとはいえ、いくつかの少数民族州において国軍と武装勢力との間で戦闘

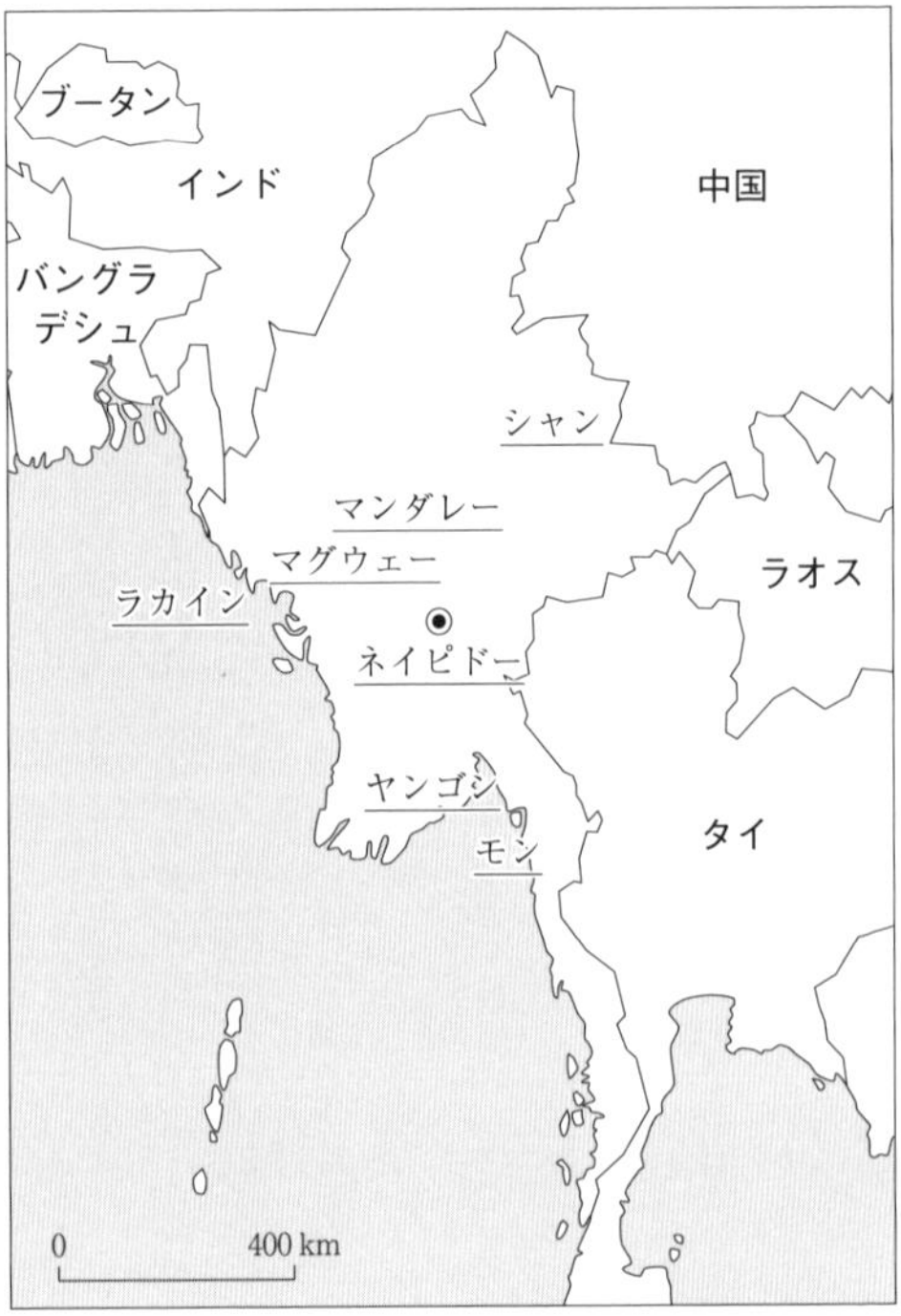

出所）　筆者作成（以下同）.

図 8-1　ミャンマー世論調査地域

が継続していることである。政府は少数民族武装勢力との間で和平協議を進め、二〇一五－一八年に新たに一〇の武装勢力と全国規模の停戦合意が実現した（五十嵐二〇一五）。しかし、カチン州やシャン州などでは依然として戦闘が続き、ラカイン州でも二〇一八年以降、ラカイン武装勢力の軍に対する襲撃が多くなった。連邦制に基づく自治権の拡大が進まない限り、問題は根本的には解決しないと見られる。

二　国家制度への信頼

ミャンマーの人々は、民主主義と国民統合の行く末に暗い影を落とす様々な問題を抱えながら民主化を進める国家に対して、どのような認識を抱いているのだろうか。まず、それを世論調査の結果か

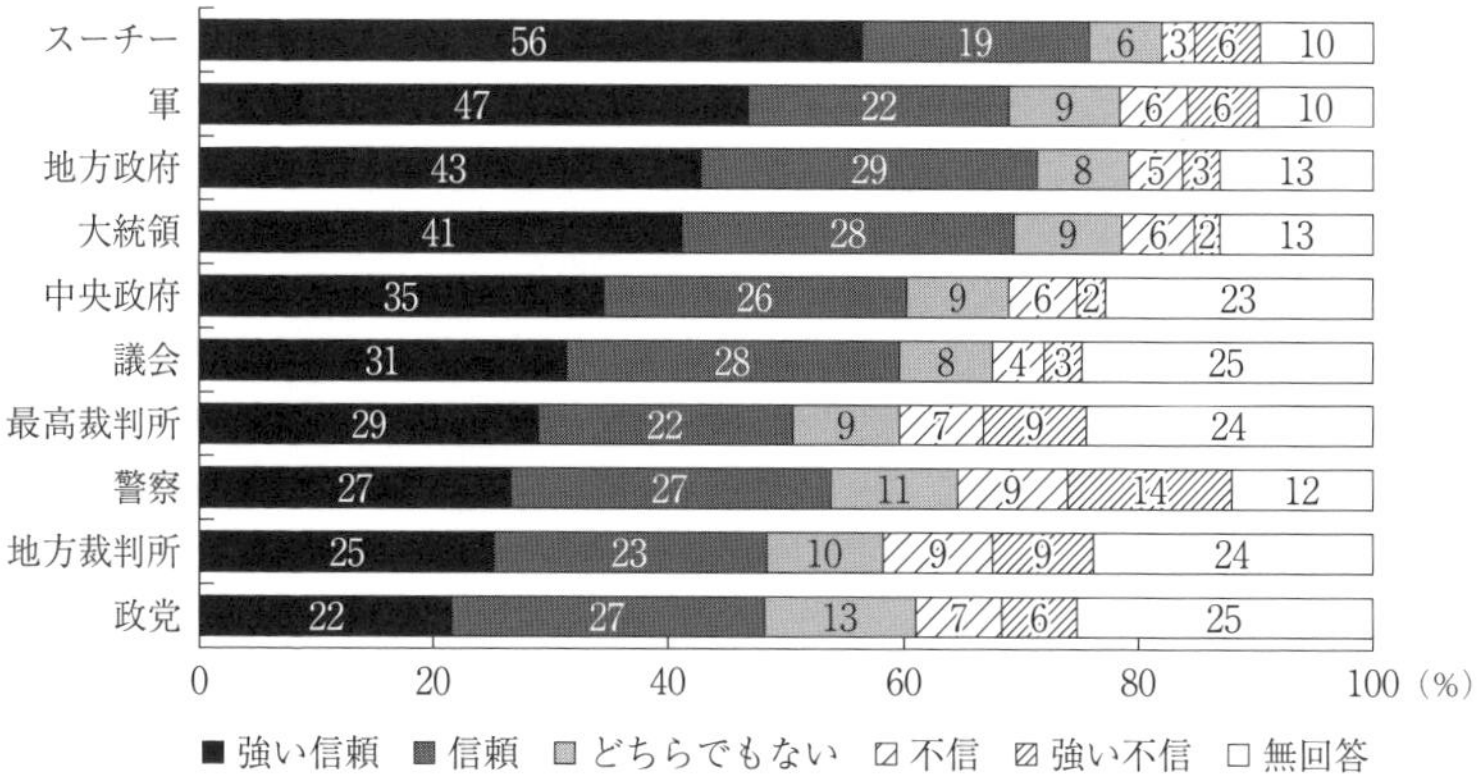

図 8-2　国家制度への信頼度

ら見ていこう。世論調査を実施した地域は、多数派民族であるビルマ人が居住するマンダレー管区のアマラプラ、ネイピドー連邦領のタッコン、マグウェー管区のマグウェー、ヤンゴン管区のレグー、ミンガラタウンニュ、ダラと、少数民族が居住するモン州のモーラミャイン、シャン州のタウンジー、ラカイン州のシットウェである[1]（図8-1を参照）。

　モン、シャン、ラカインのいずれの州でもミャンマーからの分離独立や連邦制を求める運動が展開されたことがあり、現在も一部で運動が続いている。ラカインはロヒンギャが迫害されている地域でもある。ビルマ人が多い四管区は分離独立紛争を経験していない。他方で、ムスリムに対する差別や迫害は、現在では沈静化しつつあるが、調査地域のほとんどで起こっている。ロヒンギャ問題や分離独立問題について直接、人々に質問することは難しいため、そのような質問は設けていないものの、国家制度への信頼や、民主主義・統治のあり方への意見、差別・迫害への解釈など様々な質問への答えを通じて人々の認識を理解することはできる。

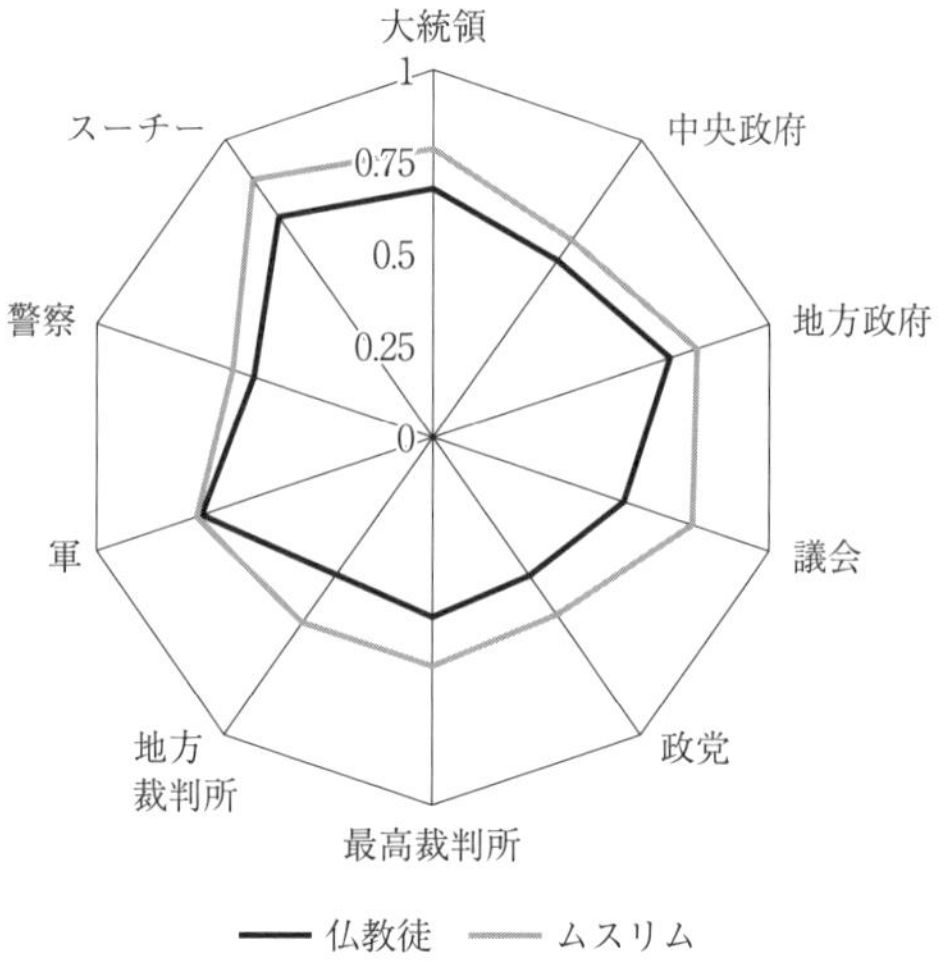

図8-3 仏教徒とムスリムの国家制度への信頼度

図8-2は国家制度への信頼度を示したグラフである。この図からわかるように、人々の国家への信頼は全体として高い傾向にある。特にスーチー国家顧問への信頼がひときわ高く、国家顧問への信頼は政権支持の高さに結びついていると見ることができる。また、軍への信頼も高い。長期にわたって軍政が続き、二度にわたる民主化運動の大弾圧があったにもかかわらず、軍への信頼がこれだけ高いのは驚くべきことである(2)。

他の属性変数を統制した回帰分析を行うと、少数派であるムスリムは、多数派である仏教徒に比べて、軍、警察、中央政府を除き、スーチー国家顧問や大統領、あるいは議会といった国家制度への信頼が有意に高い傾向がある(図8-3も参照)。つまり、スーチー政権は少数派により強く支持されていると言える(3)。

しかし、州ごとに見ると国家制度への信頼には温度差がある。図8-4は、国家制度への信頼度を州ごとに示したものである。この図では合わせて、大統領に適任であると思う人物(軍人、政治家、実業家、知識人、宗教指導者、民族指導者)への支持の度合いも示している。1に近いほど信頼・支持が高く、0に近いほど低い。これを見ると、スーチー国家顧問への支持には州ごとに大きな相違があるこ

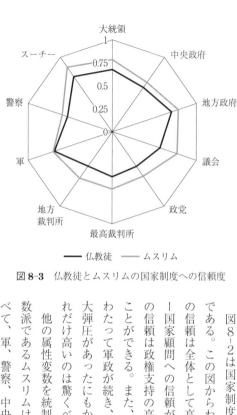

とがわかる。ビルマ族が多い管区ではヤンゴン、マンダレーで高く、ネイピドーではそれほど高くない。少数民族州ではモンで高いが、ラカインでは低い。また、他の国家制度への信頼についても地域ごとに異なり、全体としてヤンゴン、マグウェーで高く、ネイピドーでは低い。ラカインではスーチー国家顧問、大統領、中央政府、軍、政党といった中央の国家制度への信頼感が全体として薄いことが窺われる。

それに対して、大統領適任者に対する各地域の住民の選好には共通点が見られる。特に軍人を大統領にふさわしいと考える人は、どの地域でも極端に少ない。国防機関としての国軍は信頼しているが、統治者としての役割を軍に求めているわけではないことを見て取ることができる。また、スーチー国家顧問はＮＬＤ指導者、つまり政治家であるが、彼女をむしろ知識人と見るミャンマー人は多く、大統領として知識人が適任であるという回答は、軍人、政治家／政党指導者、実業家、宗教指導者、民族指

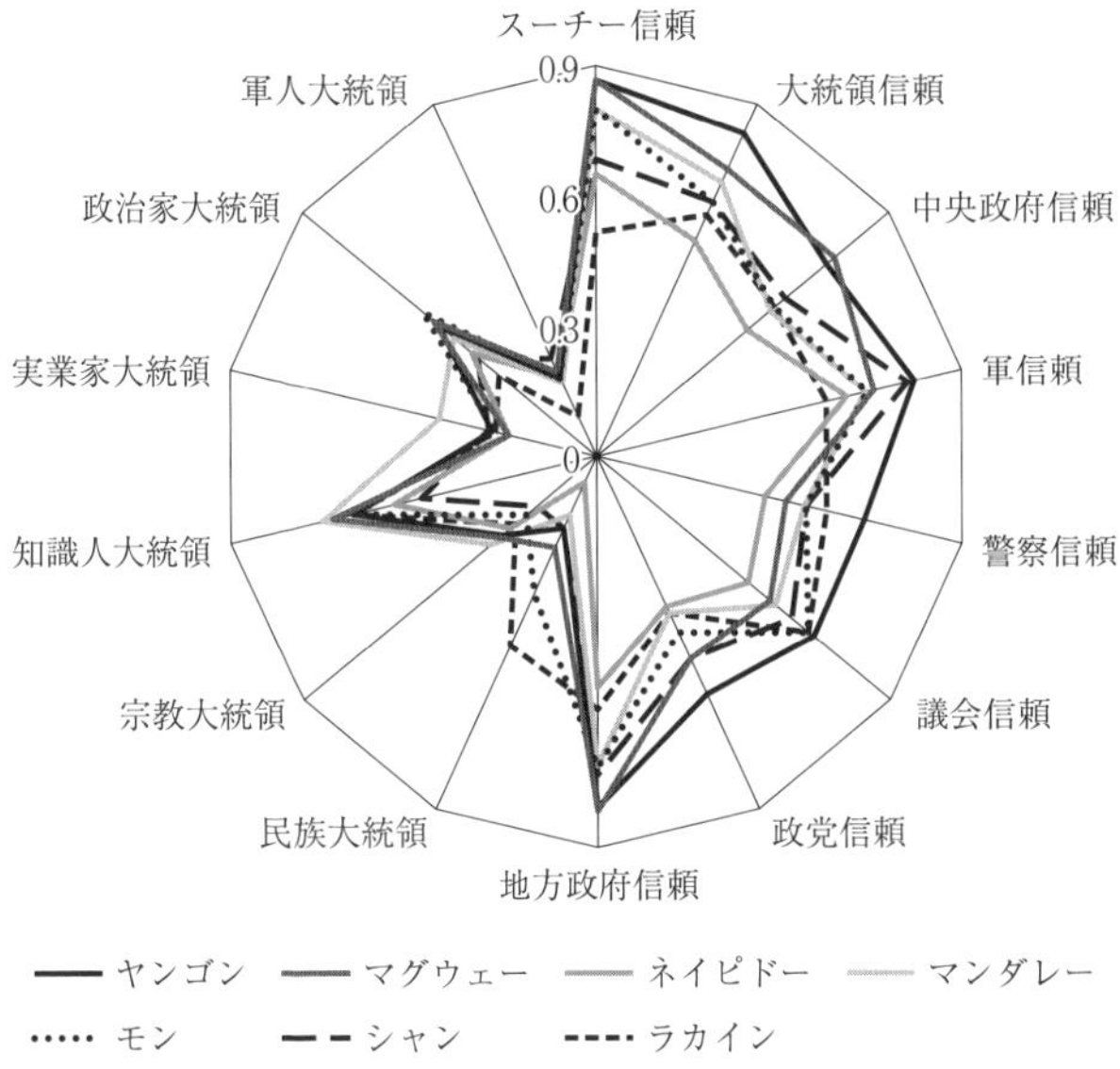

図 8-4　地域ごとの国家制度への信頼度と大統領適任者

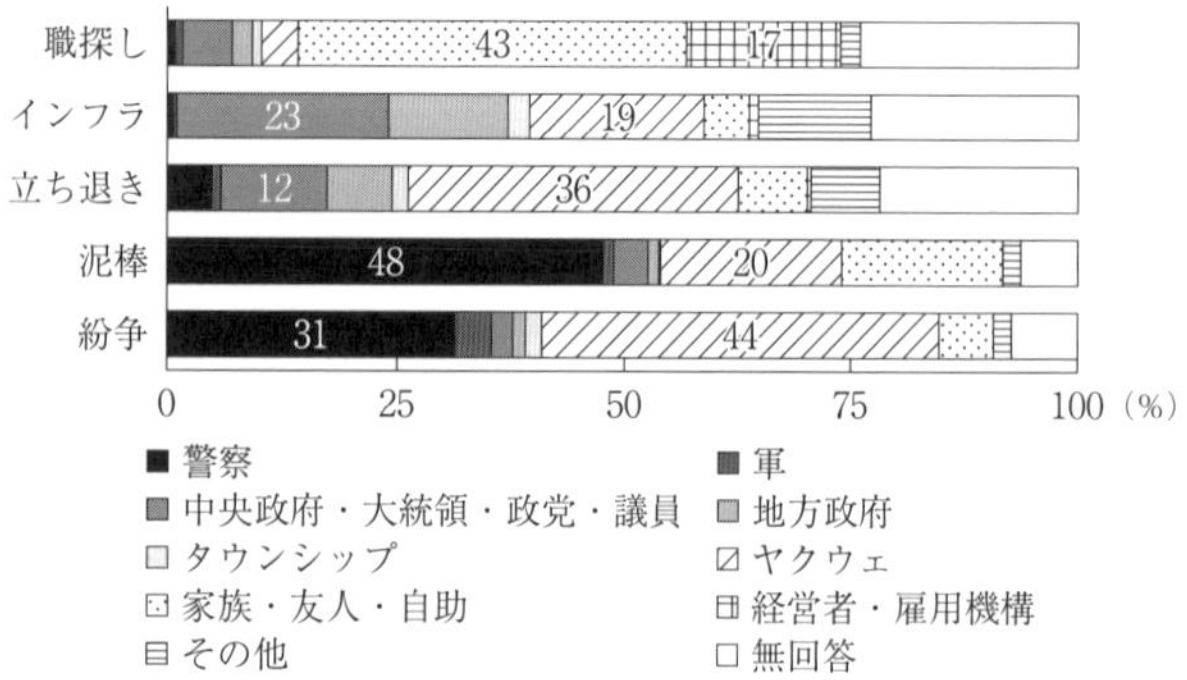

図8-5　助けを求める相手

導者よりも多い。グラフには示していないが、特に教育水準が高い層で知識人や政治家／政党指導者を支持する人が多い。ラカインでは、大統領適任者として知識人の他に、民族指導者を支持する人も一定程度おり、自らの民族を代表する大統領を望む、独立心の高さを窺うことができる。

世論調査では、泥棒に遭ったとき、仕事を探すとき、学校・道路・病院といったインフラを建設してほしいとき、紛争が起こったとき、立ち退きに遭ったときに、人々がどのような組織・個人に助けを求めるかを尋ねており、図8-5はその回答結果を示している。

泥棒に遭ったり、紛争が起こった際に警察に助けを求めるのは当然であるが、注目すべきは「ヤクウェ（Yatkwet）」と呼ばれる地域社会における末端の行政組織である。区役所や村役場にあたるものだが、地域で住民に尊敬されている人物がリーダーを務め、スタッフはボランティアで働き、夕方になると集まって人々の身近な暮らしを支えている。図8-5を見ると、特に紛争が起こったときや、立ち退きに遭ったときにヤクウェに助けを求める人が多い。紛争が起こったとき軍に助けを求めるという回答は、全体としては非常に少ない。

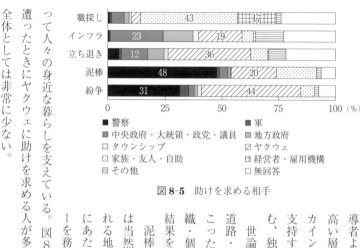

三　民主主義に対する認識

民主化が始まったばかりのミャンマーであるが、世論調査の回答者の八〇・八％は民主主義が必要であると答え、必要ないと答えた人は三・六％のみであった（ただし無回答が一五・六％いる）。地域別に見ると、ほとんどの地域で必要と答える人が八割を超える中で、ネイピドーだけは六七％しかなく、無回答も三二％あった。

では、ミャンマーの人々は民主主義をどのように捉えているのだろうか。民主主義とは、「自由で公正な選挙である」、「言論と報道の自由である」、「デモやストライキを行う自由である」、「人々の意思の法律や政策への反映である」、「人権侵害の抑制・撲滅である」、「汚職の抑制・撲滅である」、「貧困の抑制・撲滅である」、「権力者の権限の抑制である」、「紛争の平和的解決である」という九つの言明について賛否を問うた。合わせて、現在のミャンマーの民主主義の状況を評価しているかという質問に対しても回答を求め、さらに「強い指導者がいれば選挙は必要ない」および「治安秩序を守るためには人権侵害は許容される」という言明への賛否も問うた。これらの問いへの回答に基づくグラフが図8-6である。1に近いほど質問に肯定的に答えており、0に近いほど否定的な答えである。なお、グラフには示されていないが、女性や教育水準が低い層、ラカイン居住者に無回答率が高く、これらの人々は民主主義への理解や関心が相対的に低いと考えられる。

まず、民主主義に対する解釈であるが、どの地域でも共通して支持が高いのは、選挙、言論・報道

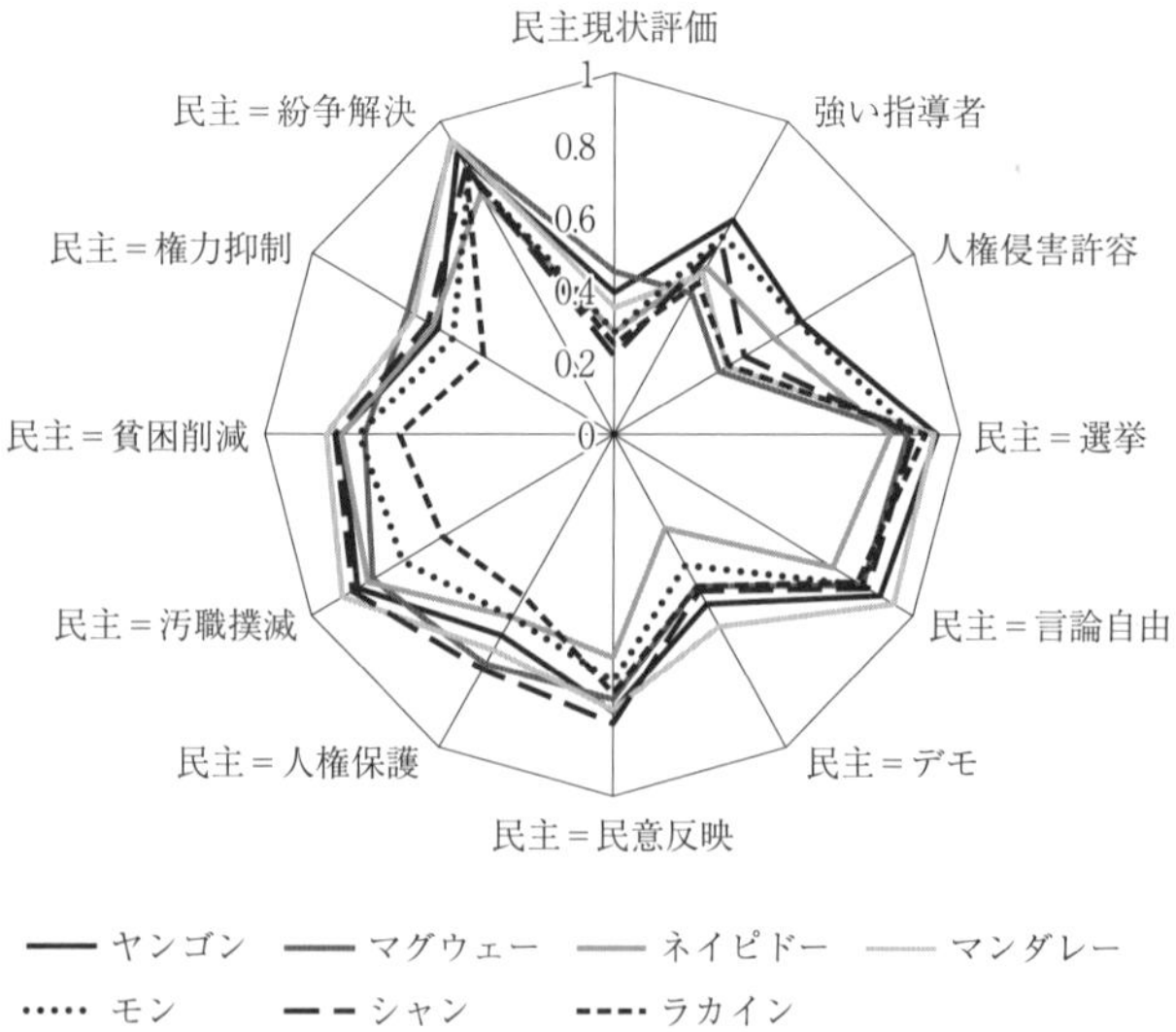

図 **8-6**　地域ごとの民主主義観の相違

の自由、紛争解決である。特に長年、紛争が続いてきたミャンマーでは、民主主義が紛争解決を促すことが強く期待されていることがわかる。汚職撲滅や貧困削減も全体として高いものの、ラカインでは高くない。デモやストを行う自由は総じて低く、特にネイピドーで低い。一九八八年、二〇〇七年に大きな民主化デモがあったが、苛烈な弾圧を受けた苦い経験があり、デモでは民主化は実現しないという思いがあるのであろうか。なかでも、ネイピドーでは特に低い数字である。「強い指導者がいれば選挙は必要ない」と「治安秩序を守るためには人権侵害は許容される」は多少、回答にばらつきが見られるが、全体としては支持していないことが窺え、選挙や人権の重要性について理解が共有されていると見ることができる。

懸念されるのは、民主主義の現状に対する

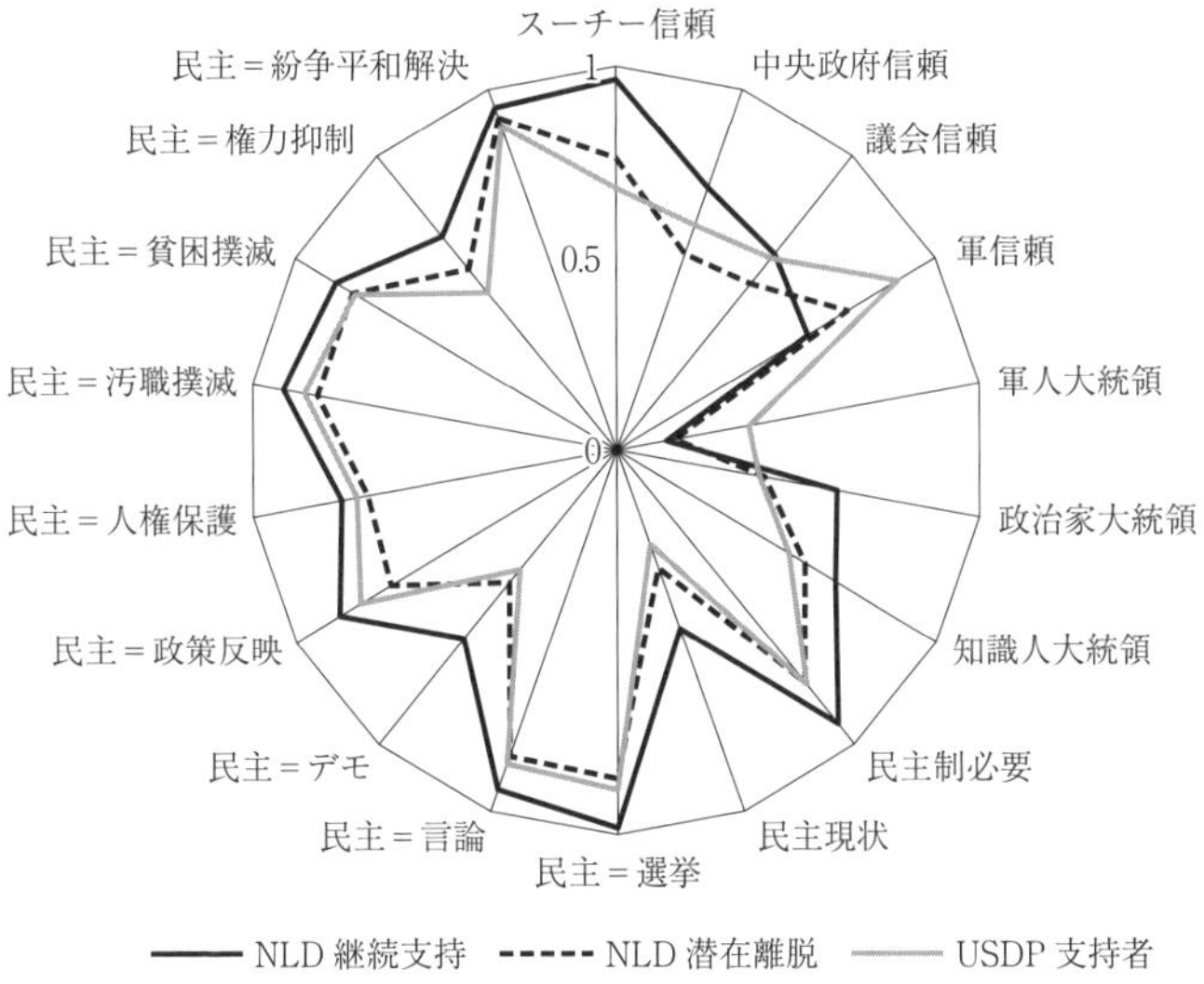

図 8-7　政党支持者別の国家制度への信頼度と民主主義観

評価の低さである。どの地域でも軒並み低い。民主主義の現状を「よくない」「あまりよくない」と答えた人に対しては、その理由も尋ねている。「経済格差を生んだから」はシャンやモンで多く、「治安秩序を阻害しているから」はマンダレーで多い。ラカインではその他を選択し、具体的な理由を挙げた人が一定数いたが、その中で「運動を行う自由がまだないから」と回答した人が多かった。この「運動」とは、ミャンマーからの独立や広範な自治拡大をめざす活動を指していると考えられる。全体として、ミャンマーの人々は民主主義を支持し、スーチー政権を信頼しているが、民主主義の現状にはあまり満足していないことがわかる。

次に地域別ではなく、政党支持者別に見てみよう。図8-7は、スーチーの与党であるNLDと、軍がつくった政党であり現在は野党の立場にある連邦団結発展党（USDP）のそれぞれの支持者の国家制度への信頼度と民主主義観である。「NLD継続支持」とは、二〇一五年選挙時にNLDに投票した人で、二〇一八年の世論調査実施時も継続してNLDを支持している人を指す。「NLD潜在離脱」とは、二〇一五年選挙時にはNLDに投票したものの、二〇一八年調査実施時には別の政党に投票すると表明した人を指す。この図を見ると、潜在離脱者は継続支持者よりも、民主主義の現状を評価しておらず、またスーチー国家顧問や中央政府、議会への信頼が低く、軍に対する支持は高い。また、大統領として政治家や知識人をふさわしいとする認識が薄く、民主主義を必要とする認識も薄い。民主主義の解釈についても、むしろUSDP支持者の解釈に酷似している。潜在離脱者とUSDP支持者との明確な相違は、軍への信頼度と軍人を大統領としてふさわしいとする認識であり、潜在離脱者はUSDP支持者より低い。この点では異なるものの、NLD潜在離脱者とUSDP支持者の認識は非常に近く、その民主主義観はNLD継続支持者よりも全体として保守的であると言える。スーチー政権に対して批判的である彼らが今後増えれば、スーチー政権もミャンマーの民主主義も不安定化するのではないかと考えられる。

四　少数派に対する差別・不寛容・迫害

少数派に対する差別・不寛容・迫害は、ミャンマーの人々にどのように認識されているのであろうか。「ミャンマーに差別があると思いますか」という問いに対して「はい」と答えた人は五三・八％、「いいえ」と答えた人は三五％、「不寛容があると思いますか」という問いには「はい」四八・六％、

「いいえ」三四%であった。しかし、「迫害はあると思いますか」という問いに対しては「はい」四〇・八%、「いいえ」四四%と、肯定と否定の多寡が逆転する。若年層や教育・所得水準が高い人に差別・不寛容・迫害を認知する回答が多い傾向がある。

差別・不寛容・迫害いずれも四〇%以上の人が認知しているが、これらをどのように解釈しているのかという点では差異がある。まず、差別について見ると、貧困者への差別があると答えた人が三七・六%と最も多く、宗教的な差別があると答えた人は二四・二%、人種的な差別があると答えた人は一八・二%であった。不寛容については、宗教と答えた人が全体で三七・二%と最も多く、人種と答えた人が二〇・八%、貧困者と答えた人が一七・九%という順番であった。迫害については、貧困者が三〇・九%で最も多く、次に宗教で一五・一%、人種は一三・九%であった。

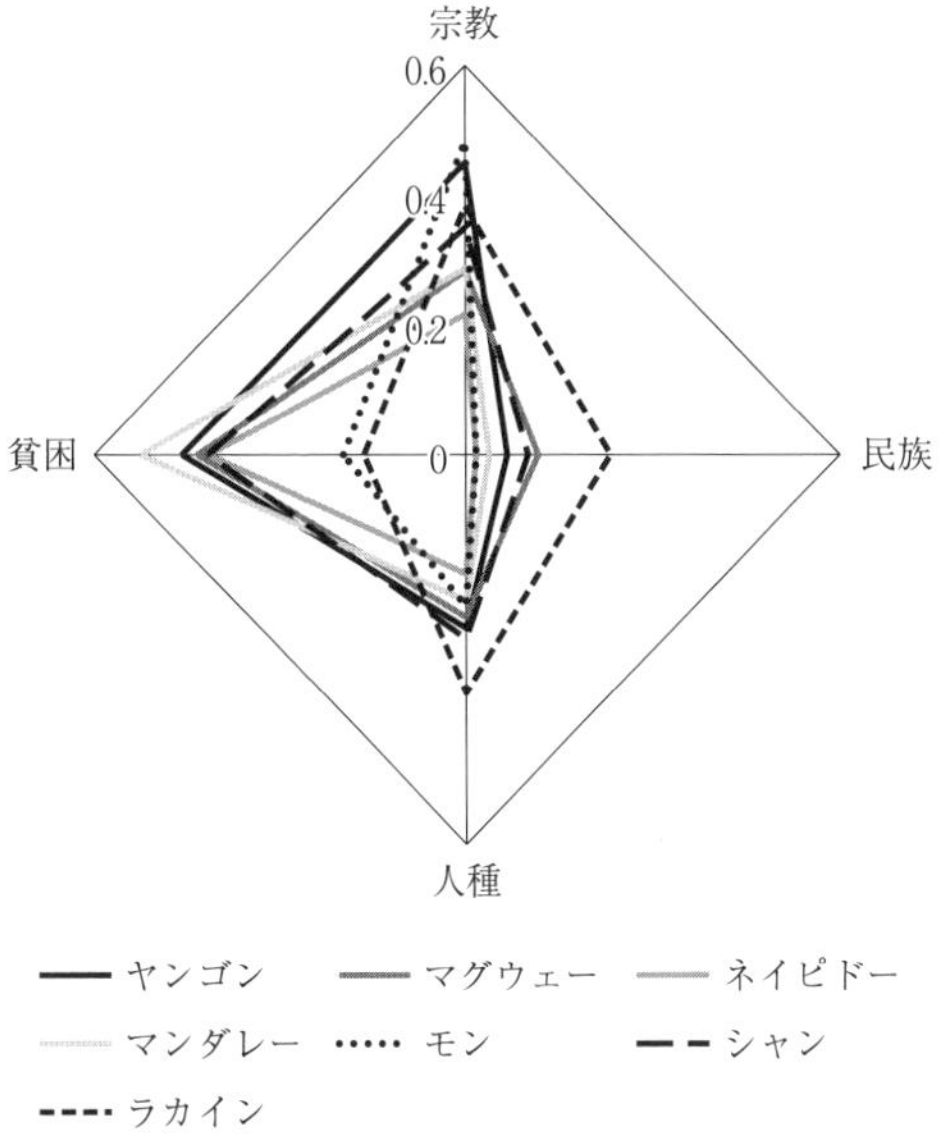

図 8-8　差別・不寛容・迫害認知の地域差

しかし、地域によってその認識は大きく異なっている。それを示したのが図8-8である。これを見ると、差別・不寛容・迫害を貧困者に対するものとして解釈している人が多い地域は、マンダレ

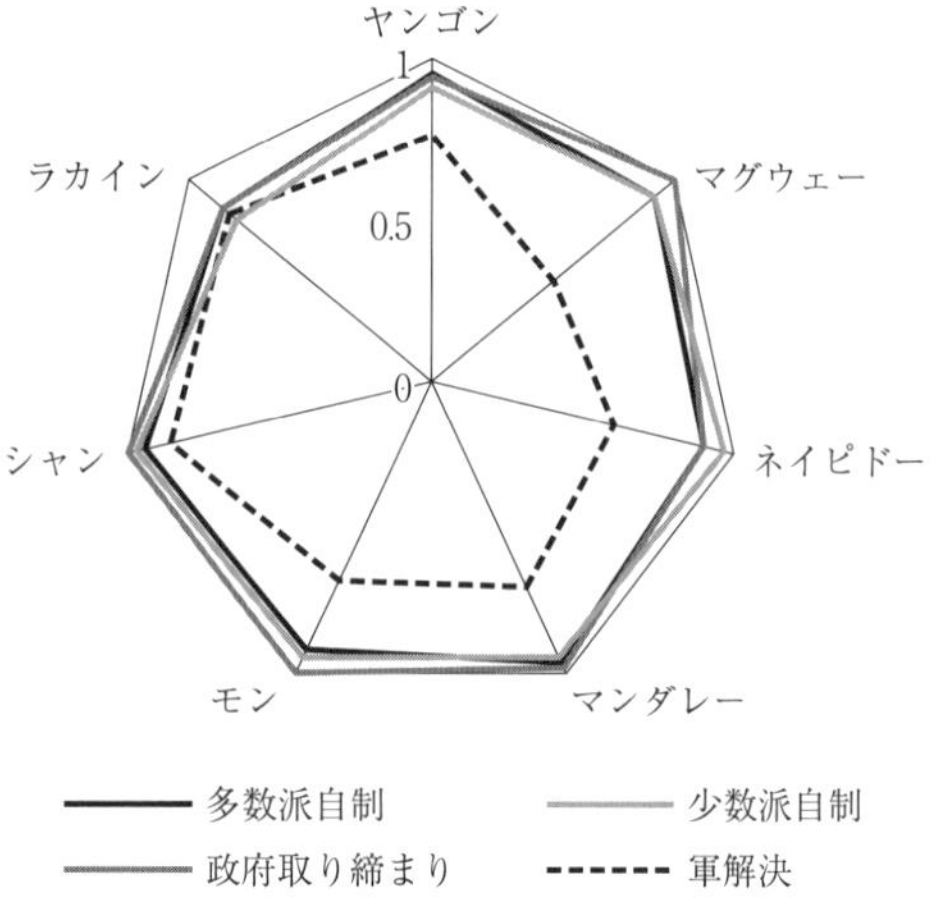

図8-9　差別・不寛容・迫害の解決

ー、ヤンゴン、マグウェー、ネイピドー、つまりビルマ族が多い四管区であり（ただしヤンゴンでは宗教として認識している人も多い）、少数民族州はシャンのみであった。他方で、少数民族州のモンでは宗教の問題として認識している人が多い。同じ少数民族州のラカインでは、差別・不寛容・迫害を民族と人種をめぐる問題であると認識している人が他よりも多く、宗教の問題として認識している人もいる。

ビルマ族が多い地域では差別や迫害は貧困者の問題として捉えられる傾向にある。しかし、モンやラカインといった少数民族州では差別・不寛容・迫害はいずれも宗教や人種をめぐって起こっていると捉えられ、特にラカインでは民族への差別・迫害を認知する傾向が強いと言える。

差別・不寛容・迫害を認知している人を対象に、その解決方法として「多数派が自制する」「少数派が自制する」「政府が法の支配（つまり取り締まり）を強化する」「軍が解決する」の四つについて、それぞれ支持を尋ねた。それを示したのが図8-9である。1に近いと肯定が多く、0に近いと否定が多いことを示している。この図を見ると、多数派自制、少数派自制、政府取り締まりについては、どれも支持が非常に高いことがわかる。この三つよりは低いものの、軍解決も支持される傾向にある。

特に民族や人種の差別・迫害があると答える人が多いラカインでは、差別認識を持つ人は軍解決を支持する傾向がある。つまり、ロヒンギャ問題を人種差別・迫害の問題として捉えている人は、その解決方法として軍による弾圧を支持していることを示唆している。

五　関係性から見るミャンマーの民主化と国家再建

ここまで見てきた世論調査の結果に基づいて、次に挙げる三つの関係性からミャンマーの民主化と国家再建について検討してみよう。

第一に、ラカインの人々と中央との関係性である。図8-4で示した通り、紛争地域であるラカイン州の人々はスーチー国家顧問や大統領、中央政府、軍、政党といった中央の国家制度に対して、他地域よりも信頼感が薄く、民主主義の現状に対しても不満を持つ人が多い。大統領として民族を代表する人を望んでおり、また、民族的な差別や迫害が起こっていると認識する傾向が強い。ただし、彼らはミャンマーという国家そのものを否定しているわけではない。なぜなら、彼らに対してナショナル・アイデンティティ(ミャンマー・アイデンティティ)の強さを問うと、「とても強い」と答える人が八五%、「強い」と答える人が一〇%で、合わせて九五%となり、この数字は他の地域と同様に非常に高いからである。ミャンマーという国家は否定しないが、中央の国家制度や民主主義の現状に対する不信や不満が強いことの背景には、中央政府が自分たちの「運動」、すなわち地域をより自律的に統治するための自治権の拡大を認めてこなかったことに対する強い不満がある。二〇一八年以降、ラカインの武装ゲリラであるアラカン軍（Arakan Army：AA）が活動を活発化させ、軍と散発的な戦闘を繰り返すようになった。ＡＡ活発化の背景には、こうしたラカインの人々のミャンマー中央の権力者に対する認識があるのではないかと考えられる。それは、ミャンマーという国家を解体に向かわせるものではないが、国民統合を脅かすものであり、国家再建を阻害するものとなろう。

第二は、ビルマ族が多い地域とラカインやモンといった少数民族地域との間の差別・迫害認識の非対称性である。図８-８で見たように、後者は差別や迫害を宗教・民族・人種をめぐる問題と捉える傾向が強い。すなわち、宗教的多数派である仏教徒の少数派であるムスリムに対する差別・迫害、民族的多数派であるビルマ族の少数派であるラカイン族に対する差別・迫害、そしてロヒンギャに対する人種的迫害があると認識しているのである。他方で、多数派であるビルマ族は、貧しい人が差別・迫害されているという認識を持つ。多数派の差別・迫害に対する認知が低いのはインドネシアでも共通しており、問題を認識しない多数派の、いわば「鈍感さ」は、少数派への差別・迫害問題の解決を阻む要因の一つとなっていると考えられる。

最後に、多数派と少数派をめぐる、スーチー国家顧問／与党ＮＬＤと、軍／野党ＵＳＤＰとの関係性である。少数派ムスリムの排斥やロヒンギャ迫害問題で国際社会から批判されたスーチー政権にとって、こうした少数派の人権を守ることは、国際社会の批判をかわすためだけでなく、ミャンマーにおける民主主義の行く末にもきわめて重要である。しかし、多数派仏教徒の中でも保守的な考え方を持つ（とりわけ旧マバタを支持しているような）人々に、スーチー政権はムスリムや、いわゆる「ベンガル人（ロヒンギャ）」の肩を持っていると見なされれば、彼らの支持は離れていく。図８-７で見た通り、二〇一五年選挙時のNLD支持者のうち、より保守的な人々はNLD支持から離脱しようとしており、彼らの民主主義観はUSDPのそれと近い。スーチー政権が少数派の人権を守ろうとすることは民主主義に適ったことであるが、そのことをもって保守的な支持層がスーチー政権／NLDから離反すれば、受け皿となるのは野党USDPである。軍がつくった政党であるUSDPへの支持が拡大すれば、軍の政治的プレゼンスを保障する現憲法を改正する機会はさらに遠のく。軍の影響力が現在のように強いままではミャンマーの民主化は進展せず、ロヒンギャや少数民族武装勢力の問題を非軍事的な方法で解決することも難しくなり、スーチー政権は国際社会から批判され続ける。保守層の支持を維持しようとすれば、少数派への迫害は放置され、やはり国際社会からは孤立する。つまり、スーチー本人が少数派の保護を望んでも、多数派と少数派をめぐる政権と野党、その支持層の関係性の連鎖は、ミャンマーにおける少数派の保護を妨げるのである。このような意味で、ミャンマーの民主化と国家再建は袋小路に入っているように見える。

おわりに

本章では、ミャンマーで実施した世論調査の結果に基づいて、ミャンマーの人々の国家観、民主主義観、差別や迫害に対する認識などを明らかにしながら、民主化と国家再建について論じてきた。ミャンマーの人々は、民主主義は必要であると強く認識しており、またミャンマーという国家の枠組みに対して決して否定的ではない。しかしながら、中央と地方との関係、多数派と少数派との関係、与党支持者と野党支持者との関係を詳らかにしていくと、国家観、民主主義観、差別・迫害に関する認識の「ずれ」や非対称性が存在することがわかる。ロヒンギャ問題のみならず、軍の政治的プレゼンスの維持や、少数民族武装勢力のゲリラ活動、マバタ後継組織による少数派へのヘイトなど、ミャンマーの民主化と国家再建をめぐる問題は尽きないが、人々の認識へと目を向けることで、問題の背景にある複雑な関係性を解きほぐし、明らかにすることができる。

現在、ミャンマーは民主化の進展と後退の岐路に立たされており、スーチー国家顧問は難しい舵取りを強いられている。どちらに向かうにせよ、鍵を握るのはミャンマーの人々であり、彼らの動向と認識への注目はますます重要になってこよう。

注

(1) 本世論調査のための質問票作成、調査会社との交渉は、A01班の鈴木恵美が行った。また、政策研究大学院大学の工藤年博氏にはミャンマーでの世論調査の実施にあたって助言を賜るとともに、本章の査読も引き受けていただいた。両氏には、ここに記して謝意を表する。世論調査のサンプリング方法や回答者の属性、調査結果の記述統計については、Khaing(2020)を参照。なお、紛争地域や調査費用が高額になる辺境地域では調査を行うことができなかった。

(2) 二〇一九年八月にカインがヤンゴンで行ったインタビュー調査では、ロヒンギャ問題を軍事的に解決することを望む人、親族に軍人がいる人、ナショナリズムが特に強い人の間で、軍に対する信頼が高いという結果が出ている。

(3) スーチー政権はムスリムの保護やロヒンギャ問題の平和的解決をめざしたが、それに対して国内ではしばしば

「カラー・アソーヤ（ムスリムの政府）」といった非難がなされてきた。こうしたことが信頼度に反映されていると見られる。

参考文献

五十嵐誠（二〇一五）「少数民族と国内和平」、工藤年博編『ポスト軍政のミャンマー――改革の実像』アジア経済研究所

工藤年博（二〇一五）「ポスト軍政のミャンマー――改革はどこまで進んだか」、工藤年博編『ポスト軍政のミャンマー――改革の実像』アジア経済研究所

高田峰夫（二〇一九）「ロヒンギャ問題とアラカン・ロヒンギャ救世軍（ＡＲＳＡ）」、日下部尚徳・石川和雅編著『ロヒンギャ問題とは何か――難民になれない難民』明石書店

中西嘉宏（二〇〇九）『軍政ビルマの権力構造――ネー・ウィン体制下の国家と軍隊　一九六二－一九八八』京都大学学術出版会

Khaing, Wint Wint Aung (2020) *2018 Opinion Poll of Myanmar: Sampling Method and Descriptive Statistics*, "Relational Studies on Global Crises" Online Paper Series No. 11: Research Report No. 4, May 8, 2020. http://www. shd. chiba-u. jp/glblcrss/online_papers/onlinepaper 20200508. pdf（二〇二〇年七月五日閲覧）

第9章　シエラレオネにおける国家を補完する人脈ネットワーク
――エボラ危機（二〇一四―二〇一六年）からの考察――

岡野英之

はじめに

本章では、サハラ以南アフリカ（以降、「アフリカ」と表記）の国家において、人々がいかに国家を意識しているのかを論ずる。特に、国家がいかに「危機」に対処するのかを検討することで、アフリカの人々が持つ国家観を浮き彫りにする。事例としてとりあげるのは、西アフリカの小国シエラレオネである。

シエラレオネは一九九一年から二〇〇二年にかけて内戦を経験した。内戦中の対立構造は内戦終結後ほどなく解体され、社会的分断もなくなった。しかしながら、いまだに最貧国の一つに数えられている。中央政府のガバナンスも内戦中と比べると向上したとはいえ、その能力は低い。保健セクターも平時から住民に十分なサービスを提供できているとは言えなかった。

そのシエラレオネは、二〇一四年から二〇一六年にかけて、エボラ出血熱の流行に見舞われた。この感染症は、致死性が高く、接触を通じて拡大する。感染拡大を抑え込むには、感染者を早急に隔離する必要があった。その方策のために用いられたのが、インフォーマルな人脈を用いた市井の人々の動員であった。本章では、エボラ危機時に見られた人々を動員するプロセス、ならびに動員された人々の声から、シエラレオネの人々が持つ国家観、さらにはアフリカ国家で共通して見られる国家観に対して考察を加えたい。

一　二〇〇〇年代における「失敗国家」論争

この考察の手がかりとするのが、かつてアフリカ国家を論じる研究者の間で席巻した「失敗国家（failed state）」論争である（Rotberg ed. 2004; Zartman ed. 1995）。一九八〇年代、深刻な経済危機がアフリカ諸国を襲い、さらに追い打ちをかけるように一九九〇年代には大規模な武力紛争が各地で頻発した。失敗国家論では、アフリカ国家は住民や領土の統治が十分できておらず、住民の安全の確保や社会サービスの提供もままならない、そして、国民からは正当性を有していないと論じている。さらには、そうした国家が混乱や紛争を助長さえすると考えられた（武内二〇〇八：二一四）。これらの失敗国家論では、国家が果たすべき役割を暗黙の裡に措定し、アフリカ国家はその役割を果たせていないと論じている。

この議論に一石を投じたのがシャバルとダローによる著作『アフリカは機能する（*Africa Works*）』である（Chabal and Daloz 1999）。本書によると、アフリカの国家では、法の支配や公的な制度を通じた社会サービスは機能していない。しかしながら国家の制度を迂回する形でインフォーマルな統治が実践されているという(Chabal and Daloz 1999: 15)。その統治の手法となるのが、政治・経済エリートによる国家の私物化であり、中央から地方まで、トップからボトムまで張り巡らされたパトロン・クライアント関係の重層的なネットワークである。地方のボスは自らのクライアント(子分)を抱えるパトロン(親分)であると同時に、中央の大ボスのクライアントでもある。国家機構から収奪された資源は、ネットワークのラインに沿って下へと流れていく。ここでの資源とは自然資源ばかりではなく、海外からの開発援助や人道援助をめぐる利権、汚職の機会、就職の機会などを含む。こうした資源が上から下へと提供される一方、下から上へは労働が提供されたり、忠誠が誓われたりする。[1] こうしたネットワークにより、政治・経済エリートは、人々を従属させたり、時には動員したりするというのだ。シャバルらはこうした統治のあり方を「政治のインフォーマル化」と表現した。

ただし、シャバルらの国家像は現実を描写していると考えるには無理がある。極端すぎるのだ。むしろ、シャバルらの研究は、アフリカの現実を理解するための一つの「理念型」を提示していると考えられはしないだろうか。国際関係論がリアリズムとリベラリズムという相反する二つの理念型から現実を捉えようとするように、シャバルらも、官僚制で機能し、社会サービスを国民に提供する国家像を一つの極とする一方、もう一つの極には「政治のインフォーマル化」を通じて機能する国家像を据えることにより、アフリカ国家を分析するべきであると主張したのではないだろうか。さしあたり本章では、前者を「規範的国家像」、後者を「インフォーマル・アフリカ国家像」と呼ぶことにする。

本章では、この二つの理念型を用いてシエラレオネを論じる。内戦前・内戦中のシエラレオネを描いた研究では、国家機構を迂回し、人脈を通して恩恵を配分することで統治が実践されていると論じた研究が多い（岡野二〇一五、Hoffman 2007: Reno 1995）。内戦が終わるまでのシエラレオネは「インフォーマル・アフリカ国家像」を体現する存在と言えた。

しかしながら、内戦が終了してからシエラレオネは徐々に「規範的国家像」に近づいていく。国際社会は、民主的で官僚制に則った組織運営を根付かせるための支援を盛んに提供した（古澤二〇一一、Jackson 2007）。そうした試みはある程度、功を奏し、アフリカのガバナンスに関するイブラヒム指標（Ibrahim Index of African Governance）においてシエラレオネは、治安および法の支配（safety and rule of law）の改善が評価され、二〇一三年までに大きくガバナンスが向上した五カ国の一つとされた（URL①）。世界レベルのランキングでいうとシエラレオネのガバナンスはかなり低いものの、内戦の頃と比べるとシエラレオネは「規範的国家像」へと近づいている。

しかしながら、シエラレオネがエボラ危機に見舞われた際、「規範的国家像」に則った対策はうまく機能しなかった。その一方でその後に実施された人脈を通じた対策はうまくいった。いわば、「インフォーマル・アフリカ国家像」に則った対策が功を奏したのである。

二　エボラ危機の発生

エボラ出血熱はウイルス性の感染症であり、そのウイルス（エボラウイルス）は一九七六年にスーダン（現南スーダン）で発見された。それ以降、エボラ出血熱はアフリカを中心に数十回の発生が確認されている（ＵＲＬ②）。エボラウイルスには血液や体液に直接接触することによって感染し、空気感染はしない。また、エボラ出血熱の致死率は五〇－九〇％にも達する。治療薬は開発段階であり、本流行の際にはほぼ入手不可能であった。

西アフリカの流行が始まったのは、ギニアである。リベリアやシエラレオネとの国境に近いメリアンドゥ村からエボラ出血熱の流行は始まった。この村に住む二歳の男の子が二〇一三年一二月、下痢や嘔吐の症状を訴えて死亡した。野生動物からの感染が疑われているが、その経路はわかっていない。この感染は周辺の村や都市に拡大した。感染拡大の主な経路は、第一に、患者を看病した家族・親族への感染であり、第二に、葬儀の参列者への感染であった。参列者が感染したのは、葬儀で遺体に触れたりキスしたりしたからである。遺体にも感染力はある（Okano 2017）。

感染がいくつかの町に広がった頃、謎の感染症が拡大していることにギニア政府も気づき、調査団が結成された。その調査団には、世界保健機関（World Health Organization：WHO）や国境なき医師団（Médecins Sans Frontières：MSF）も参加した。調査の結果、エボラ出血熱が拡大していることが判明した。二〇一四年三月二三日にＷＨＯがその発生の第一報を世界に向けて発信した。

本流行で運が悪かったのは、最初に発生したメリアンドゥ村がシエラレオネ、リベリアの国境に近かったことである。エボラ出血熱は両国へと飛び火した。六月以降は両国で感染が爆発的に拡大し、七月三一日にはシエラレオネが、八月六日にはリベリアが非常事態宣言を発令した。

最貧国とも言えるギニア、リベリア、シエラレオネでは、人々は病院にかかることが少ない。病院に行く場合でも、重篤になってから訪れるといった場合が多い。エボラ危機の際、農村で感染した人々は近隣の都市や町の病院へと押し寄せた。その結果、農村部で発生したエボラ出血熱の感染者が都市部の病院に集中し、収容能力を超過した。多数の患者に対処しなければならない中で、医療関係者が感染し、都市でも感染が広がった。さらに、別の地域(周辺の農村部や、公共交通機関で結ばれた別の都市)へと人が移動することにより、感染は広がった。西アフリカのエボラ危機は、こうした農村―都市間の感染者の移動が繰り返されることで拡大していった。

統計に上っているだけでも、三カ国で約二万八〇〇〇人が感染し、一万一〇〇〇人が死亡する事態となった(URL③)。なかでもシエラレオネでは約一万四〇〇〇人の感染者が発生し、そのうち約三九〇〇人が死亡した。西アフリカでの流行が終息したのは二〇一六年のことである。ただし、爆発的な流行が見られ、「危機」とも言えたのは二〇一五年前半までである。その後はだらだらと感染者が発生し続けたものの、それまでに作られた治療施設で対応が可能であった。

三　立ち上がるエボラ出血熱対策システム

シエラレオネでも、他の二国でも、エボラ出血熱対策を体系的に実施する体制が確立するまでは混迷を極めた。しかし、二〇一四年末頃になると、混乱の中でもエボラ対策システムが確立してきた。図9-1はその概要をまとめたものである。本章で重要な点は以下の通りである。第一に、ホットラインが作られ、患者と思しき人物が見つかれば通報できるようにした。携帯電話でホットラインに連絡すると救急車がやってきて、患者を隔離施設に収容する。隔離施設は感染が確定していない者が収

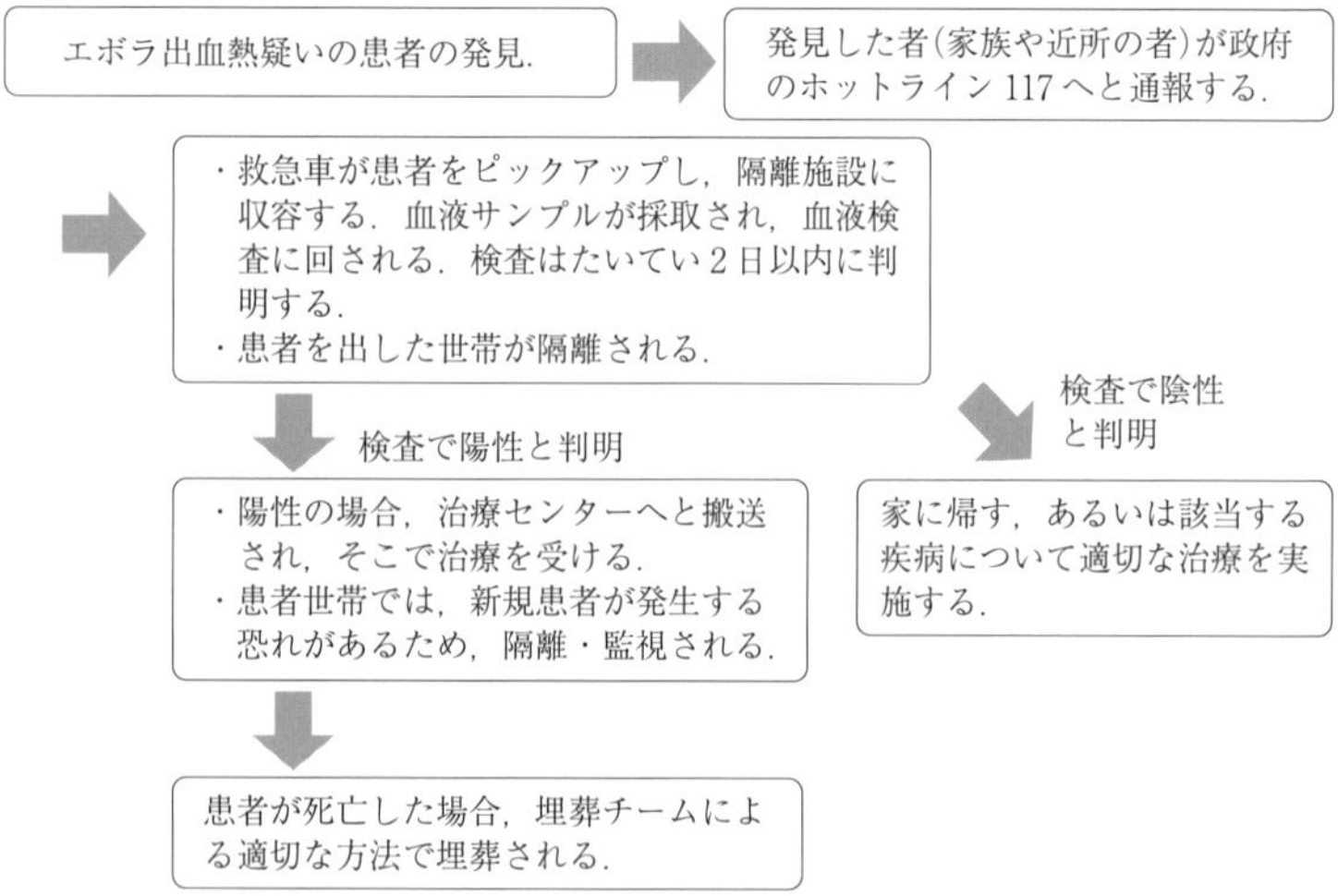
エボラ出血熱疑いの患者の発見．
発見した者（家族や近所の者）が政府のホットライン117へと通報する．
・救急車が患者をピックアップし，隔離施設に収容する．血液サンプルが採取され，血液検査に回される．検査はたいてい２日以内に判明する．
・患者を出した世帯が隔離される．
検査で陽性と判明
検査で陰性と判明
・陽性の場合，治療センターへと搬送され，そこで治療を受ける．
・患者世帯では，新規患者が発生する恐れがあるため，隔離・監視される．
家に帰す，あるいは該当する疾病について適切な治療を実施する．
患者が死亡した場合，埋葬チームによる適切な方法で埋葬される．

出所） Bolten and Shepler（2017）に基づき筆者作成．

図 9-1　エボラ出血熱対応システム

容されるところである。第二に、隔離施設にいる間に検体が採取され、検査で陽性が判明した場合は治療施設へと運ばれ、そこで治療を受けることになった。治療施設へと搬送する前に、まずは感染の可能性がある者を隔離施設に隔離することで、家族や親族といった身近な者への感染拡大を防ぐ措置が取られたのである。無論、こうしたシステムが作られるまでには試行錯誤があった。しかし、紙幅の都合上、そのプロセスについては十分論じることができない（Yamanis et al. 2016）。

　エボラ対策システムを構築するためには国外からの支援が不可欠であった。シエラレオネでは医師、看護師の数が不足しており、平時から医療体制が十分でない。ゆえに、エボラ流行時には、ＷＨＯや国境なき医師団、国際赤十字といった医療支援機関が隔離施設や治療施設を運営したり、各国から派遣された医師が治療行為に当たったりした。さらには先進国をはじめ諸外国から医療物資や資金の援助があった。

このようにエボラ対策システムは、大規模な「国際社会」の支援をもとに構築された。そこで働いたのは国内外の医療従事者や官僚だけではない。一般の人々も動員され、エボラ対策システムの一端を担った。次節では、西部地域のコミュニティで設置された検問を取り上げ、いかに一般の人々がエボラ対策システムに動員されたのかを論じたい。

四　動員される現地の人々

筆者はエボラ出血熱の終息後、一般の人々がどのようにエボラ出血熱の流行下で生活していたかを明らかにするために、西部地域で現地調査を実施した。その期間は二〇一六年八月一八日―九月六日、および二〇一七年八月二四日―九月一一日の計三九日間である。

西部地域の特徴

筆者が調査を実施した西部地域とは、首都およびその周辺地域のことを指す(図9-2を参照)。西部地域がエボラ出血熱に巻き込まれたのはシエラレオネの流行の中でも比較的後になってのことであった。

図9-3では、図9-2で示した行政区分に則してエボラ出血熱による死亡者(感染確定者・感染疑い

の両方を含む）の月毎の変遷を示した。このグラフから見て取れるのは、感染の中心が移動していることである。エボラ出血熱は最初、東部州で拡大し、その後、北部州へと感染の中心地が移動した。西部地域で感染が拡大したのはその後のことである。ゆえに西部地域で感染が爆発的に拡大した時には、エボラ出血熱に対処するためのノウハウが、すでに別の地域の経験から、ある程度蓄積されていた。

エボラ出血熱の流行中に設置された検問

筆者は西部地域での調査中、同じような話をいくつものコミュニティで聞いた。その概略は以下の通りである。

我々は、コミュニティの入り口に検問を張り、自分たちのコミュニティを守った。検問は大通りにはなく、コミュニティの入り口にある。そこではコミュニティの若者が、車や徒歩で通行する人の体温を測定し、手を洗わせた。もし熱のある人が見つかると政府のホットラインに連絡した。そうすると患者を運ぶための救急車がやってくる。こうして私たちは自分のコミュニティを守った。

彼らの説明によると検問は二種類あるという。第一に、軍や警察によって幹線道路上に設置された検問であり、これらは都市間の移動を制限するために設置されたという。第二に、コミュニティにエボラ出血熱が入ってくるのを防ぐために、住民によって自発的に設置されたものである。後者の検問については、首都フリータウン市内には五〇以上の検問があったと言われる。すなわち、住民による自発的な取り組みがフリータウン市内のコミュニティで一律的に実施されたのである。なぜ同じような試みがフリータウンの至る所でなされたのか、誰がこうした検問を設置したのか、そして、検問の運営に必要な機材や資金はいかにして調達されたのかを、筆者はその後、調査することにした。

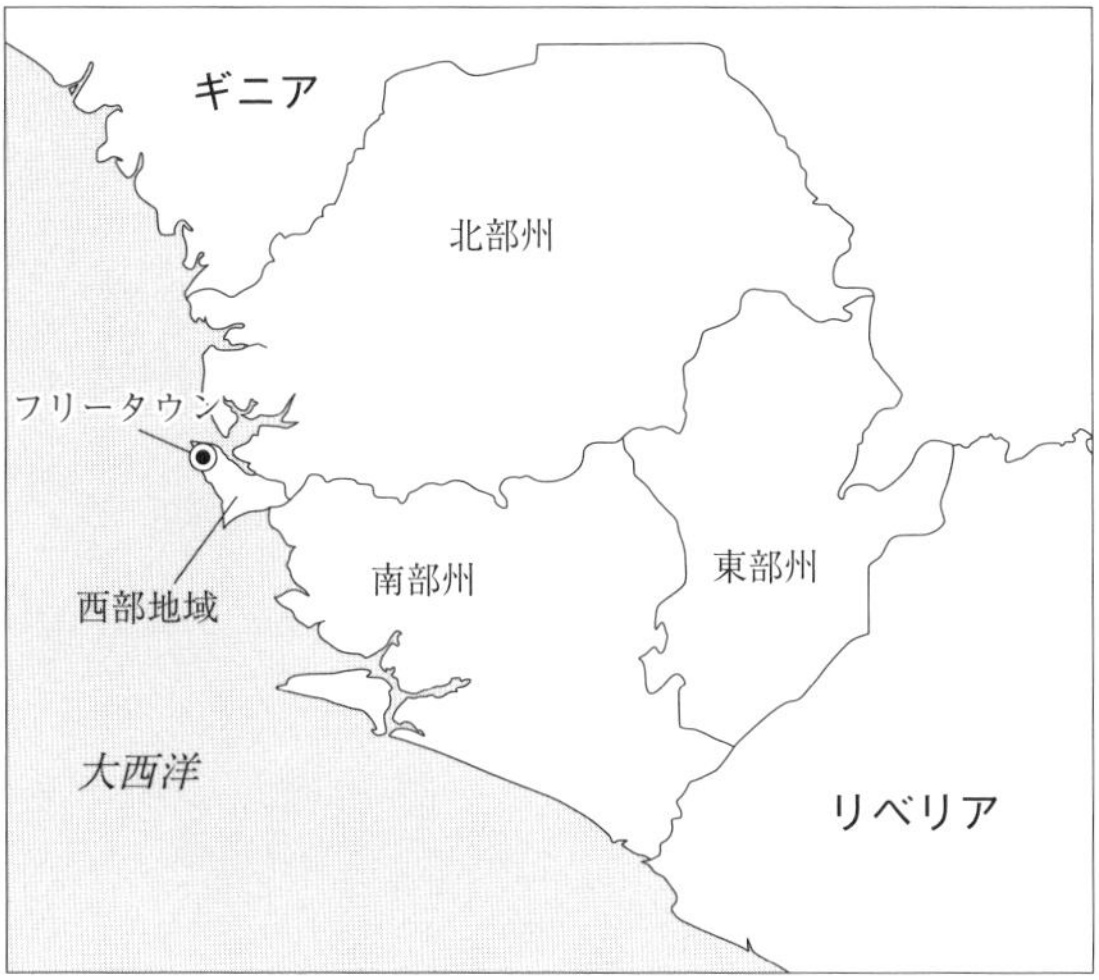

出所） 筆者作成.

図 **9-2** シエラレオネ地図

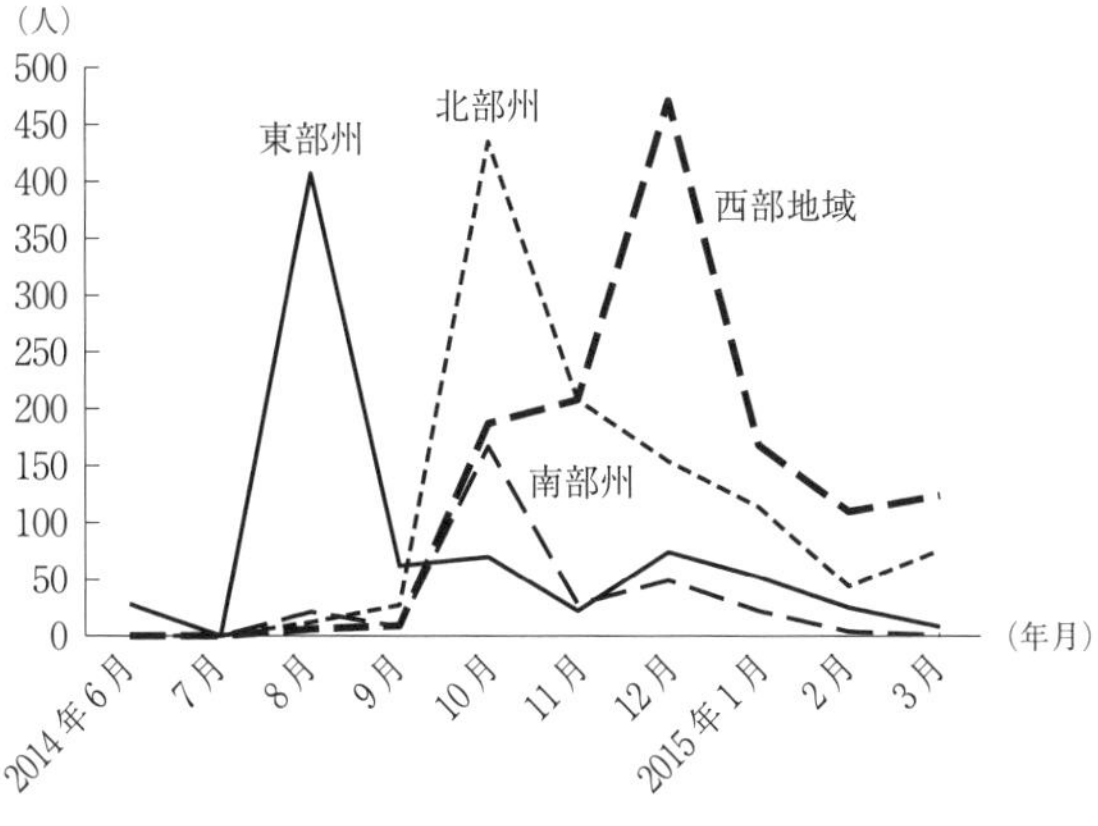

出所） WHO, Ebola Situational Report に基づき筆者作成.

図 **9-3** シエラレオネにおけるエボラ出血熱による死者数

各コミュニティで作られた検問

この疑問を明らかにできたのは、A地区での聞き取り調査が大きい。A地区はフリータウンの中心から車で三〇分ほどの場所にあり、首都郊外にある。この地区には四つの検問があった。A地区では検問の運営のためにコミュニティに住む若者(男性)が動員された。検問には、非接触体温計(患者に接触せずに額などにかざすだけで体温を測定できる体温計)や塩素消毒液を入れたバケツが準備された。そのバケツには蛇口がついており、中に入った消毒液で手を洗うことができる。

検問に常駐する若者は、徒歩でコミュニティに入ってくる者や、コミュニティに入ってくる乗り合いバンの乗客に対して、消毒液で手を洗わせ、体温を測った。体温が高いと、携帯電話で一一七(政府が設置したホットライン)に電話し、救急車を呼んだ。上述のように感染を疑われた者は隔離施設へと運ばれることになる。若者たちは二シフト制で二四時間、検問を運営した。朝七時から夜七時と、夜七時から朝七時の二シフトである。彼らには毎日二万五〇〇〇レオン(約六米ドル)の日当が支払われたという。

検問をしたのは誰なのか

これらの検問を設置したのはA地区の自治会(executive committee)であった。この自治会はコミュニティの人々が自発的に設置しているもので、政府によって設置されていたわけではない。A地区の自治会には約二〇人の役員がいた。その内訳は、A地区の下位集落の代表の他に、議長・副議長・書記・青年リーダー・女性リーダーである。

これらの自治会の役員は様々な形で別の影響力を持った人物であった。例えば、女性リーダーは、戦争未亡人組合の長であった。また、伝統的治療師（traditional healer）として生計を立て、伝統的治療師組合（traditional healers' union）の構成員であるという男性もいた。さらに、自治会の役員の中には「部族長（tribal chief）」もいた（複数の民族が混在する都市圏である西部地域には、それぞれの民族を代表する部族長がいる）。自治会役員の属性を見てみると、社会的地位が高い者が自治会の役員を担っていることが読み取れる。

降りてくる支援物資

自治会による検問を運営するためには支援物資が必要であった。その分配経路を見てみると、インフォーマルな人脈を通して配分されていたことがわかった。A地区では四つの検問があった。上述の伝統的治療師が言うには、「検問の一つには、私が伝統的治療師組合のツテで得た物資を投入した一方、その他三つの検問には県議会議員（district councilor）が支援物資を提供した」という。彼は伝統的治療師組合を通してA地区への検問に物資を提供するようになった経緯を以下のように語った。

エボラ危機の時、伝統的治療師組合の議長は我々を呼び出した。そして、「誰も治療をしてはいけない、誰も触ってはいけない」と伝えた。私は担当地域の治療師を回り、議長からの命令を伝えた。我々の組織はXX〔匿名〕というローカルNGOから支援を受けた。このNGOが実施するワークショップでエボラ出血熱について学んだあと、私は組合の構成員とともにコミュニティを回り、人々に対して啓発活動を実施した。検問で必要な物資もこのNGOが提供してくれた（二〇一七年九月六日、A地区にて聞き取り）。

XXというNGOはA地区と関係があるわけではない。たまたまA地区自治会の役員の中に伝統的治療師組合の構成員がいたことから、XXはA地区へと支援物資を提供することになったに過ぎない。残り三つの検問について調査を進めると、動員された若者から「検問に参加したのは県議会議員にそうするように言われたからだ」、「必要な物資は県議会議員が持ってきた」という証言が得られた。

支援物資を分配する地方議会議員

その県議会議員の役割について論じるためにも、ここでシエラレオネの地方行政制度について説明しておきたい。シエラレオネでは、各県（州の下位区分）、および、主要都市に地方議会が設置されており、それぞれ県議会ならびに市議会と呼ばれている。これらの地方議会はシエラレオネに二二ある。それぞれの議会は選挙区に分かれており、全国規模で見るとシエラレオネは三九四の選挙区に分かれている。これらの選挙区からは一人の地方議員が選ばれる（複数の代表を選出する選挙区も二〇カ所ある）。西部地域は、農村区と都市区の二区域に分割されており、前者には県議会が一つ設置されており、都市区、すなわちフリータウン市内には市議会が設置されている。A地区は農村区にあたり、西部地域農村区県議会（Western Area Rural District Council）の管轄である。筆者は残念ながらA地区を含む選挙区から選出された県議会議員に接触することができなかった。しかし、フリータウン市議会の議員から話を聞くことができた。その議員T氏は、エボラ出血熱が流行した時の経験を以下のように述べた。

最初、政府はエボラ対策を自分たちでやろうとした。しかし、彼らはうまくやれなかった。そこでコミュニティを巻き込むことにした。その仲介を果たしたのが我々(国会議員や地方議会議員)である。国会議員はそれぞれの地域で対策をするように基金を与えられた。その基金で消毒液やメガフォン、体温計などが購入された。しかし、国会議員が知っているのは自分のコミュニティだけである。そのため、国会議員があまり知らないコミュニティに対しては我々(地方議会議員)が物資を分配したり、人々を動員したりすることになった。物資は国会議員から分配されるもののほかに、フリータウン市議会で配られたり、病院から分けてもらったりした(二〇一七年九月七日、フリータウン某所にて聞き取り)。

この証言が示すのは、政治家の個人的な人脈を使うことで支援物資が分配されたことである。当初、シエラレオネは官僚制に則ってエボラ出血熱の対策を実施しようとしたものの、うまく行かなかった。その状況を打開するためにコミュニティを動員する方針へと舵を切り替えた。政府とコミュニティの橋渡しをしたのが国会議員や地方議会議員だった。

彼らは検問のための支援物資だけではなく、隔離施設や治療施設で働く人々も動員している。筆者が実施したA地区の調査でも、治療施設で食事係をした人や防護服のチェック係（隔離ゾーンに入る医療従事者が防護服を正しく装着できているかをチェックする係）が地方議会議員に「給料が出るから働かないか」と声を掛けられ、働くようになったことがわかった。

こうした支援物資の分配や人々の動員は、正規のチャンネル（国家の官僚制度や開発援助団体のパートナーシップ）を通ってきたものではなく、いずれもインフォーマルな人脈を通して実施されたと言えよう。もちろん、その分配のプロセスで物資や資金の横流し、ピンハネが行われた。言い換えれば、エボラ危機によって私腹を肥やすことも可能であった。ただし、人々のために役に立っているのであれば、少しくらい私腹を肥やすことは許されるという考えは、シエラレオネの人々の間に広く共有されている。

おわりに――シエラレオネのエボラ危機から見る国家観

本章では国家がいかに「危機」に対処するのかをエボラ危機に対処したシエラレオネを事例に検討してきた。そこから指摘できるのは、ローカルなコミュニティに人脈を持つ国会議員や地方議会議員が政府とローカル・コミュニティとの橋渡しをし、彼らを通じて物資が分配され、一般の人々が動員されたことである。いわば、シャバルらが論じたような、「政治のインフォーマル化」が動員の手段として使われたのである。

このような方法での動員には、国家に帰属するという共同体意識も、国家への信頼も必要ない。そもそもエボラ危機では、人々が国家に対して信用を寄せていないことが問題となった。政府が人々を対策に巻き込むように方針を転換する以前、政府による対策は人々の不信を招き、エボラ出血熱そのものの存在を疑うような態度も人々には見られた（Bolten and Shepler 2017：362-363；IDS 2015）。

その後、シエラレオネ政府は人々を動員する方針に転換した。人々に信頼されていない政府が人々を動員することが可能であったのは、ローカル・コミュニティに信頼されている人々を利用したからである。人々は国家を信頼してはいないものの、顔見知りの目上の人々は信頼した。彼らのインフォーマルな人脈を通して国家は「機能」したのである。エボラ危機に立ち向かうための「挙国一致」体制は、個人の人脈を通した動員を集積したものであったと言えよう。

いわば、エボラ危機の際に功を奏したのは官僚制度に則った対策ではなく、エリートと人々とのインフォーマルな人脈を通じて実施された動員であった。内戦を経験したシエラレオネでは、政府に対する評価も低いし、国家に対する帰属意識も薄い。そうした国家が、エリートと人々のインフォーマルな関係を通じて「機能」したということが本章では指摘できる。

このような「政治のインフォーマル化」には、複数の民族をまとめるという機能もある。アフリカ国家の大半には複数の民族が居住しており、それらの民族はそれぞれ独自の共同体意識を作り出している。国民（Nation）という共同体意識は薄いものの、民族という共同体意識は強い。サハラ以南アフリカの国々に目を向けると、かつては、民族という共同体意識を政治家が利用することで大規模な紛争が勃発した歴史もある。さらには、現代の選挙を見ても民族がクリーヴィッジ（社会的亀裂）であり続けている国もある（武内二〇〇〇、Green 2018）。本章で論じたようなインフォーマルな人脈を通じた資源の分配システムは、国家への所属意識なき人々をまとめあげ、政治的安定を得るための手段として用いられ、民族という共同体を超えて国家が機能することをも可能とする(cf. Lemarchand 1972)。

しかし、かつてのように政府の資源を人脈に沿って分配するという政治運営は、近年、アフリカの人々からも規範からの逸脱とみなされるようになった。その流れは、一九九〇年代以降、アフリカ諸国でも複数政党制が導入され、その運営が二〇〇〇年代に入ると安定してきたことと無縁ではない。シャバルの言うような「政治のインフォーマル化」は今や過去のものとなっている(De Walle 2012)。

エボラ出血熱はそうした時代の中で発生した。シエラレオネではパトロン＝クライアント関係が消えたわけではなく、社会の中に根差している(岡野二〇一九)。シエラレオネ政府は、エボラ出血熱という緊急時に、それを利用することによって問題に対処した。いわば、「規範的国家像」を捨て、「インフォーマル・アフリカ国家像」を選び取ることで事態に対処したのである。

ただし、その弊害はあった。一般の人々を動員した結果、その他の疾病患者も、熱が高いからという理由だけで隔離施設へと送られた。マラリアをはじめとした一般的な病気の患者も隔離施設へと収容され、そこでエボラ出血熱に感染した。「エボラ出血熱を封じ込めるためには、ああするしかなかったのだ」という声は、国際機関の職員から保健省の職員まで広く共有された見解である。

事後的に考えると、「インフォーマル・アフリカ国家像」への回帰は、危機に対処するための一時的なものだったと言える。エボラ危機後、シエラレオネは民主的な選挙を経て政権交代を実現しており、歩みは遅いものの、「規範的国家像」の方向へと確実に向かっている。

注

（1） 本説明は、栗本（二〇〇〇）によるChabal and Daloz（1999）の紹介を一部改変して使用した。

参考文献

岡野英之（二〇一五）『アフリカの内戦と武装勢力――シエラレオネにみる人脈ネットワークの生成と変容』昭和堂

岡野英之（二〇一九）「民主的で官僚的なパトロン＝クライアント関係――内戦後シエラレオネにおけるバイクタクシー業と交通秩序」『文化人類学』第八四巻一号

栗本英世（二〇〇〇）「国家、パトロン・クライアント関係、紛争――現代アフリカ論の試み」『ＮＩＲＡ政策研究』第一三巻六号

武内進一（二〇〇〇）「アフリカの紛争――その今日的特質についての考察」、武内進一編『現代アフリカの紛争――歴史と主体』アジア経済研究所

武内進一（二〇〇八）「アフリカ紛争と国際社会」、武内進一編『戦争と平和の間――紛争勃発後のアフリカと国際社会』アジア経済研究所

古澤嘉朗（二〇一一）「警察改革支援――一九九八－二〇〇五年」、落合雄彦編『アフリカの紛争解決と平和構築――シエラレオネの経験』昭和堂

Bolten, Catherine and Susan Shepler (2017) "Producing Ebola: Creating Knowledge in and about an Epidemic," *Anthropological Quarterly*, 90(2).

Chabal, Patrick and Jean-Pascal Daloz (1999) *Africa Works: Disorder as Political Instrument*, James Currey and Indiana University Press.

De Walle, Nicolas (2012) "The Path from Neopatrimonialism: Democracy and Clientelism in Africa Today," in Daniel C. Bach and Mamoudou Gazibo eds., *Neopatimonialism in Africa and Beyond*, Routledge.

Green, Elliott (2018) "Ethnicity, National Identity and the State: Evidence from Sub-Saharan Africa," *British Journal of Political Science*, doi: 10.1017/S 0007123417000783.

Hoffman, Danny (2007) "The Meaning of a Militia: Understanding the Civil Defense Forces in Sierra Leone," *African Affairs*, 106(425).

Institute of Development Studies (IDS) (2015) "Return of the Rebel: Legacies of War and Reconstruction in West Africa's Ebola Epidemic," *IDS Practice Paper in Brief*, Institute of Development Studies (IDS).

Jackson, Paul (2007) "Reshuffling an Old Deck of Cards? The Politics of Local Government Reform in Sierra Leone," *African Affairs*, 106(422).

Lemarchand, René (1972) "Political Clientelism and Ethnicity in Tropical Africa: Competing Solidarities in Nation-Building," *The American Political Science Review*, 66(1).

Okano, Hideyuki (2017) "How EVD (Ebola Virus Disease) Spread and How People Respond: Socio Political Analysis of the Epidemic in Sierra Leone and Liberia," *Senri Ethnological Reports*, 143.

Reno, William (1995) *Corruption and State Politics in Sierra Leone*, Cambridge University Press.

Rotberg, Robert I. ed. (2004) *When States Fail: Causes and Consequences*, Princeton University Press.

Yamanis, Thespina, Elisabeth Nolan, and Susan Shepler (2016) "Fears and Misperceptions of the Ebola Response System during the 2014-2015 Outbreak in Sierra Leone," *PLOS Neglected Tropical Disease*, 10(10).

Zartman, I. William ed. (1995) *Collapsed States: The Disintegration and Restoration of Legitimate Authority*, Lynne Rienner.

URL

① Sierra Leone Express Media "Anatomy of Good Governance in Post-Conflict Sierra Leone." http://sierraexpressmedia.com/?p=62419(二〇二〇年二月二九日閲覧)

② Centers for Disease Control and Prevention（CDC）“Years of Ebola Virus Disease Outbreaks.” https://www.cdc.gov/vhf/ebola/history/chronology.html（二〇一九年一二月二九日閲覧）

③ World Health Organization（WHO）“Ebola Virus Disease.” https://www.who.int/en/news-room/fact-sheets/detail/ebola-virus-disease（二〇一九年一二月二九日閲覧）

執筆者紹介

末近浩太(すえちか・こうた)　奥付参照.

遠藤　貢(えんどう・みつぎ)　奥付参照.

松本　弘(まつもと・ひろし)

1960 年生．大東文化大学教授．イエメン政治，地域研究．

小林　周(こばやし・あまね)

1986 年生．日本エネルギー経済研究所研究員．北アフリカ政治，国際安全保障論．

山尾　大(やまお・だい)

1981 年生．九州大学准教授．イラク政治，比較政治学．

久保慶一(くぼ・けいいち)

1975 年生．早稲田大学教授．政治学，比較政治学．

増原綾子(ますはら・あやこ)

1969 年生．亜細亜大学教授．インドネシア地域研究，比較政治学．

鷲田任邦(わしだ・ひでくに)

1976 年生．東洋大学准教授．比較政治学．

ミヤ　ドゥイ　ロスティカ(Mya Dwi Rostika)

1981 年生．大東文化大学講師．東南アジア地域研究．

ウインウインアウンカイン(Wint Wint Aung Khaing)

1987 年生．早稲田大学大学院博士課程．比較政治学．

岡野英之(おかの・ひでゆき)

1980 年生．近畿大学講師．アフリカ研究，文化人類学．

編集

末近浩太

1973年生．立命館大学教授．比較政治学，国際政治学．著書に『イスラーム主義――もう一つの近代を構想する』（岩波新書），『イスラーム主義と中東政治――レバノン・ヒズブッラーの抵抗と革命』（名古屋大学出版会）等．

遠藤 貢

1962年生．東京大学教授．比較政治学，国際政治学．著書に『崩壊国家と国際安全保障――ソマリアにみる新たな国家像の誕生』（有斐閣），『武力紛争を越える――せめぎ合う制度と戦略のなかで』（編集，京都大学学術出版会）等．

グローバル関係学 4
紛争が変える国家

2020年9月16日 第1刷発行

編 者 末近浩太《すえちかこうた》 遠藤《えんどう》 貢《みつぎ》

発行者 岡本 厚

発行所 株式会社 岩波書店
〒101-8002 東京都千代田区一ツ橋 2-5-5
電話案内 03-5210-4000
https://www.iwanami.co.jp/

印刷・法令印刷 カバー・半七印刷 製本・牧製本

ISBN 978-4-00-027057-1 Printed in Japan